日本の
平和革命

「国民なき国家」を超えて
自由国民主義の発想と発端

永井安美
Nagai Yasumi

文芸社

はじめに

　これは、政治に関する「非常識」の本です。日本の政治の常識は、国民の直接的な選択によらない、即製政党と議員の離合集散による政権移動、政権強化、政策よりも議席争いのための対立、目先利害の調整や糊塗的妥協のくり返しで問題の解決を先延ばしする事、それが常態化しています。

　革命的手法によって、国家と政治の構図を変え、広く国民の意向のために協調できる、国民の政党と、それによる議会、政府を創り出さなければなりません。これまでの「政治の常識」を超えて、たとえば国会を「協力議会」へ改変しようとするものです。

　日本の政治、経済、社会が今、大きな転換期にあると言われます。それは現象上、いわゆるバブル景気の崩壊と軌を一にしました。この事は偶然ではなく、戦後日本が、ひたすら追い求め、見事に成し遂げた先進経済大国の中身が、実はさまざまな病原に冒されていた事を、むしろ現今の国家的難局が明らかにしてくれました。

日本を立て直すためには、国家構造の基礎根底から改編されなければならない事をも示唆しています。たとえば、どのような対策によっても先行きの見えて来ない経済の混迷と、それによる国民生活の先行き不安、財政の悪化、さらには世界経済に及ぼす悪影響、政治の不安定等々、わずか十年前には予想もしなかった状況が次々に現実化しています。

従来、日本ではあり得ないとされてきた、異常な事件、事故も多発しています。オウム真理教による無差別殺人、銃犯罪、外国人犯罪、東海村の臨界被曝事故などその一例です。永年にわたり、社会構造の内に蓄積され肥大化し、必要な改革を妨げている、さまざまな障害物は、大手術によって除去されなければなりません。改革すべき多くの課題がありながら、その解決策については、あまたの政治家、評論家等より議論百出、にぎやかです。

しかし、そのほとんどが、この国の現状、いや惨状を決定的に打開できる明快な解答や有効な方策に成り得ず、論争ばかりがいたずらに時間を空費しています。なぜなら、そのどれもが、問題の核心からそれて、枝葉末節の打開策に過ぎないからです。

以前、橋本内閣によって大々的に打出された、行財政改革をはじめとする六大改革が、その後、どのような運命を辿ったかを思えば、この国の為政者達の指導力、政策実現能力が疑われます。公共工事の追加発注や超低金利政策などによって、景気は今年から来年にかけ、一時的に持ち直すでしょうが、それは旧態依然とした金融、経済対策の、単に規模拡大に依るものに過ぎず、いずれ財政圧迫の反動が来ます。

日本の現状を招いた諸問題は、国民の意識構造、たとえば「国家と国民の関係」にまで掘り下げてみなければ解法はありません。本書の主旨は、これを革命的手法によって、国民の意識に変化をもたらし、そののちに、必要な改革を断行する、日本でこそ可能な方法を提示しようとするものです。

同時に今、日本に決定的に欠け、国運を迷走させている原因のひとつは、国の未来像と、めざす目標の喪失です。その確立のためにも、国民にとって、国家のあるべき姿が明確にされなければなりません。

言うまでもなく、国民こそが国家を形作る主体だからです。昨今、世界的なグローバル化によって、国家の役割が低下し、その必要性さえ論じる風潮にありますが、それらは、経済のグローバル状況による双方交流の拡大深化を目の当たりにして、あたかも、国民が営む国家そのものが、地位低下するかのような短絡思考です。

今はまだ、非現実的に思われるでしょうが、そう遠くない将来に、ここに書いた事は現実味を帯びてくるはずです。歴代の政権と政府による、問題の先送りと事なかれ主義の帰結として、すでに社会の混乱を招来しつつあります。初めに来るのは経済的混乱でしょう。日本の巨額な国家債務は、いずれ政府に、そののち国民にも決着を求めて来ます。いずれにしても、国民は、このままでは大きな負担を強いられるでしょう。もし国民が、それを拒否したら、どうなるでしょうか。即、国家は破滅します。

この問題一つでも、日本を没落させるに充分な威力を持つのに、他の諸問題についても、何ら有効な対策を打出し得ない、政府の右往左往する姿は座視できません。この国の真の再生へ向けて、国民の具体的行動の端緒となるべく、有効な方策を提案してみます。

取り巻いている難題は、要因が複雑で、一見、その解決も困難なように思われているようですが、視点を変えることで、意外と単純明快な打開策があります。今ここでは「事態は多元的だが、策は一元化できる」とのみ言っておきましょう。

本文であらまし述べますが、たとえば、財政危機も、日本が世界の「経済支援大国」（援助大国ではありません）になることによって、早期完全に解決されます。これを日本は十年前に実行すべきでした。なぜならそれは、「自然の理法」にかなう政策だからです。現在の国家的難局は、この自然の理に反する方法ばかり取って来たために生じました。

この本は、政治論や、それら専門書ではなく、日本の一国民として、熱望するところをありのまま披露したもので、理路整然とした論説からはほど遠い概論です。遺漏や矛盾点も積み残しましたが、方策としての発想は、大筋で誤りないと確信します。

日本の現状を、もはや一刻も看過する時間的余裕はなく、取り急ぎ書き終えました。

美しい日本と、心ゆかしい日本の精神伝統が消失してしまわない内に……日本が「日本」でありつづけるために……

一九九九年四月十六日　長崎にて

日本国民　永井安美

目次

日本の平和革命

日本はこれから先どうなって行くのか、政治は、経済は、社会は——この国の将来を悲観的に見る人たちがふえています。以前は可能性に満ちていた若者にさえ、そんな傾向が見られます。

日本の将来を、色で表わすとしたら、何色か。以前、全国の高校生を対象にした、あるアンケート調査によると、灰色と答えた者35・4%、黒18・1%、白10・3%、紺色7・7%、茶色6・1%という結果になりました。どこまでが本心かは割引いて見るにしても、決して明るい未来像は描いていないようです。

また、あるテレビ局の深夜討論番組で、あなたは、この国に誇りを持っていますかという質問に対し、はいと答えた人が45・7%、いいえが38・8%、その他15・5%でした。半数以上が、自分の国を誇りに思っていない。これには、さまざまな見方があるでしょうが、つい十年ほど前まで、先進の経済大国として、これから世界の先頭に立って歩もうとしていたこの国の民が、一体なぜ、一転これほどまでに希望と自信を無くしているのでしょうか。

それは、今、この国に生じている、さまざまな困難、いや、病状と言ってもよいでしょう。それに悪性なものを感じ取っているからではないでしょうか。「大衆の感情」は、時として、その社会の将来について、予知能力を発揮するものです。この不況のさ中、千二百兆円もの、国民金融資産が、なぜ超低金利の預貯金に張付いたまま、必要な投資や、消費に回らないのか。だから景気が回復しないのですが、それは、経済、金融の混乱と先行き不透明なため、投資心理が萎縮し、消費は控えて、将来への必要資金は自前で確保していなければならないからです。

物余りの時代ですので、充足感もあるのでしょうが、もし仮に、これら預貯金が、その半分でも投資と消費に向えば、低迷する景気もたちどころに回復するはずです。

国情が、急転直下これほど短期間に暗転し、しかもそれが長期にわたって、とめどなく続くのは過去にも稀です。これは、バブル景気の崩壊や日本経済に内包された構造的な問題などが原因でしょうか。それだけでは、この異常さを説明できません。

たとえば、日本より先に経済的難局に陥って、借金大国とか英国病とか言われたアメリカ、イギリスや欧州諸国は、果断な政策が功を奏し、すでに力強い国力の回復を果しているのに、日本だけがなぜ取り残されているのでしょうか。

これまで言われて来たさまざまな理由は、一見、理路整然と分析されているように見えますが、その原因を、奥の方から生じさせている根本的な「源泉」までは透視されていません。バブル経済が行詰まり、株価の下落につづいて、不動産などの価格下落が起きた初期には、これは、景気循環に加えて不良債権の発生など、構造的要因が複合的に作用して起きた反動であって、金融政策や規制緩和、公共投資などのテコ入れを適切に行なえば、いずれ回復させ得る、バブルの後遺症として楽観視されていました。

ところが、政府のたび重なる景気浮揚策や金融政策、不良債権対策が打出されたのにもかかわらず、財政を悪化させるだけで、肝心の景気は上向きませんでした。そのため税収も減る結果、それがまた財政赤字を膨らませるという、完全な悪循環、デフレ経済に陥っています。これはもはや「バブルのつけ」とか言う単純なものではない、容易ならざる事態が、国家構造の奥深い所で進行していると見るべきです。たとえ、金融機関の不良債権問題が解決されたとしても良くなりません。逆に、不良債権は解消しなくても、日本経済は回復され正常化できます。確実な方法があります。

ここは、対策が効果を上げ得ない大要因の方に目を向けなければなりません。ひとつ、景気対策について言えば、施策が必ず成功するように、それを受けて活用する側の態勢や条件など、受け皿を整備した上で実施すべきなのに、計画消化的でやみくもに予算投入等、打出すため、肝心の目的は達せられません。施策は手段であって、目的は経済の構造を正常化、活性化して、景気を回復させる事です。手段が目的化すると、めざした事は達成されずに残ります。

たとえば、公共投資をはじめ、たしか総計八十兆円にも及ぶ財政資金等が投入されましたが、砂浜に水が吸い込まれるように、わずかに景気の下支え効果に留まりました。金額だけを見ると莫大ですが、それが流れて行った先は、全国の自治体、ゼネコンをはじめ、全国津々浦々の土木、建設会社、工事請負業者だったでしょう。末端では微々たるものになります。その中には、経営内容の健全ではない会社や不正な方法で受注した業者もあったことでしょう。倒産淘汰されるべき対象も、数多くあったはずです。

これらバラ撒き型の行政は、なにも公共工事に限ったことではなく、福祉、医療、地域振興券等あらゆる施策において見られます。貴重な国民の資金が、本来助けるべきではない所にも無差別にばらまかれた、その結果として、本来達成されるべき目的の方は、うやむやになりました。つまり、対象を、景気浮揚効果に適うものに選別して資金投入すべきでした。この「選別」という手法は、日本の社会システムの現状では困難な面がありますが、後述するような、国家の仕組みに変化を起せば、条件整備が可能となり、目的はたやすく成就されるようになります。

日本全体に、根本的な、物、設備、人の需給ギャップがあることも、もっと大きな障害なのに、それは意外と軽視され、そのままにされている事も景気が回復しなかった原因で、これも後述する手法によって解消されなければなりません。

次に、超低金利政策など金融政策についても、政府が意図した事とは正反対の結果になっています。金利を下げれば、銀行は貸し出しやすくなって、設備投資や事業機会をふやせる。結果として市中にお金が出回って消費も盛り上がり、景気は回復すると、それほど単純な目論見ではなかったでしょうが、実際は、銀行が莫大な利ざやを稼いだ割りには、経営内容の改善がそれほどでもなく、預金者は低い金利を我慢し、国民の金融資産は、ほとんど只同然の金利しか生まない預貯金にしがみついたまま、びくとも動かなくなりました。

銀行の貸し渋りなどで、中小企業の経営者たちは資金不足となり、設備資金ばかりか運転資金にも困り、倒産の心配をしています。ところが日本は今、金詰りどころか、超金余り状態です。ほんとうに必要な所、正しく活用したい、それができる人たちのもとにはお金が届いていないという異状を招きました。ではなぜ、多くの国民が、お金を動かして、有利な投資先を捜したり、物を積極的に買わないのでしょうか。

理由は単純です。将来ますます物の価値が下がり、お金の価値が上がると思っているのに、将来に備えた大事な資金を使うはずはありません。デフレ時代ですから。政府は、こんな単純な事を、どうにもできないでいるのです。それはなぜなのか。そのわけは、これから述べることで、分っていただけるでしょう。このような困った状態（国家はもちろん、政府、経済界、企業、国民すべてにとってです）を解消する確かな方法があります。ここでは詳しく述べられませんが、それほどむずかしい事ではありません。

日本の高齢者層が、国民の金融資産（貯金、タンス預金を含む）の多くを占め、日本は「おとしより金持ち国」になっています。この、お金を使わない、使えない、使う機会がない人たちが多いという意味でも、経済上の高齢化社会となっています。怒らないで下さい、おじいちゃん、おばあちゃん。日本はいつの間にか、懐までが老人、老化型の社会になっています。おとしよりが豊かであるのは喜ばしい事なのですが、ここはどうしても、その懐を揺り動かして、中のものを外に出してもらう政策をとる必要があります。

それは、一言で言えば、物の価値を高める方策です。物価を高くするのではありません、お金の価値を下げることでもありません。インフレーション政策ではありませんから。将来、物の価値が上がるとわかれば、誰もがお金を引き出して来て、ほしくて価値を認める物を積極的に買います。物が売れれば、もちろん企業は儲かって、設備投資を活発化します。株価も上昇して一般の投資も盛り上がりますから、景気は難なく回復します。では、その発端となる、物の価値を高めるとはどういう事でしょうか。すなわち、全世界に目を転じ、日本では有り余っているモノや生産手段を、それらを必要とする国々に供与し、価値あらしめ、活用するという事です。

ただし、この方法も、政治の変革を必要とします。なぜなら、後述しますように、これまで政府が打出して来た必死の対策を阻んでいる頑強な障害が存在し続けるからです。国家と国民の関係にまで目を向け、正常化して、国民の全面的な協力を得られるように、この政策を受ける態勢を整えなければなりません。

殊更に事態を悪く捉えるのではありませんが、実は日本の国全体に内包されている構造上の欠陥が、まるで怪物のように、その行く手を閉ざし国運を傾けています。その正体は不可視的ですが確かに存在しています。社会秩序を歪め、政府の手足も縛って、たとえ正当適切な政策をも遂行できなくしたり、骨抜きにしています。

かつて、与野党逆転、自民党の長期政権が終り、細川政権が誕生した時、国民は、これで政治が変わるかもしれない、期待感を持ちました。それがもろくも崩れ去り、今はその痕跡さえ見えないほどです。この事が、怪物存在の何よりの証明であり、それらを認識することなく政権を担当し、国家を運営しようとした政党、政治家たち。

どちらに進むべきか分らず、身動きもできなくなった国の姿がここにあります。一例ですが、昨年の一月十九日頃、日本の首相は、年頭の演説で「21世紀のあるべき国の姿」を討議する「有識者懇談会」というものを設置すると言いました。これはとても奇妙な事ではないでしょうか。もうこんな事は当り前のようになっているので、誰も不思議には思わないのですが、一国の長が、みずから、国の将来の像を思い描き、思考して、それを国民の前に提示、標榜するのではなく、早速、有識者という、多数の他人に考えてもらうというのです。

そしてそれを、型どおり答申としていただき、おそらく政府内の係の人でうまくまとめ、誰にでも差し障りのない奇麗な文章にして、国民の前に発表して終ります。国民もそれを、べつに気にも止めませんので、反応としての賛意、批判、対策、提案などは出て来ません。このような通過儀礼的な政治姿勢があるかぎり、いかに有能な日本の官僚でも打開策は見出せないでしょう。

基本的な国家の態様、仕組みから変革されなければ、どのような優秀な頭脳集団があっても、この大きな障壁を突破することはできません。この事は、日本という国が、そのめざす目標を持たず、国民が共に抱く

「国の未来像」が描かれていない事に起因します。

国家の成立目的とも言うべき、その原点を明らかにし、革命的手法によって、国民が真に共有できる国家目標を創造しなければなりません。グローバル資本主義の時代と世界においては、競争と協力のバランス、規制と自由のバランスが必要であり、そのような仕組みを備えた社会のほうが、全く規制のない社会よりも発展性があるとされ、国家から独立してビジネスすることのできる、民主的で秩序ある国家を造らなければなりません。

行財政改革、金融改革、教育改革、国民の医療、保険や年金制度改革など、あらゆる部門で抜本的変革が叫ばれながら、各論反対、議論ばかりが続きます。国民が望んでいる改革内容は、大筋においては明確ですから、その目的優先、一定の議論を経たあとは、早急に意見を統一させ、それに対してはいかなる反対も赦さず、迅速に実施を発令するという強力なルールが必要となります。これまでの悪習である、幅広い意見の調整が、もはや「障害」となっています。それは手段であって、目的ではないからです。

慎重すぎるのは、今や、蛮勇をふるって即断するよりも害となって、問題の解決を複雑にするばかりです。現今の国の情勢を見ていると、そのようなきっぱりとした態度を、我々国民に迫っているとも言えるでしょう。これら望ましい姿を実現するためにも、国家の全体構造と運営の仕組みを見なおして、改造しなければなりません。

各種の制度も、その「目的遂行」のために運用手法を開発して、現実即応型に改めなければなりません。すでに形骸化して、制度維持のための制度になっているからです。これらを総括するとすれば、唐突で単純すぎるように見えるでしょうが、日本国民全体の心と頭脳を支配してしまっている「すべてが成り行きまかせ」の状況と意識を、どこかで止めなければ、覆いかぶさっている多くの問題の解決もあり得ないという事です。

言えなかった、財政再建の一時放棄

政策の整合性にこだわって、目的の遂行がおろそかになっている一例として、平成十年一月十九日、橋本首相は「景気対策の必要上、財政改革は一時延期するのか」との、野党の質問に対し「財政構造改革の必要性は変らない」と、当り前の事を述べた後「二〇〇三年までの中長期的目標と当面の目標という、タイムスパンの異なる問題がある」で切り抜けようとして「臨機応変の措置は、いつの時代も必要だ、経済の状況は深刻になっている」と、国民が分りきっている事を答弁しました。

国会の中で、こんなやりとりをしている間にも、景気はどんどん悪くなって行きました。少なくとも〝今は一日も早い景気回復に、実効ある対策を〟と望む国民の要求には答えてはいません。〝内需拡大で景気を良くしろ〟と、あからさまに迫る米国の外圧にさえ、今だに実効どころか、答さえ出せずにいます。米国に代って世界経済を牽引できるように、経済を活性化させ、設備投資の盛り上がりなどで自律成長する本質的な実効がです。

これは一体、何が障害になっているのでしょうか。財政構造改革を途中で変更する事は、野党から恰好の攻撃材料となり、国民の支持が下がって退陣に追い込まれる恐れもあって緊要な政策もとれずにいたのでしょう。しかし理由はそれだけではありません。ほんとうの原因は、もっと本質的で深い所にあります。

野党はこれまで、景気対策として、大筋、大幅な恒久減税や、実効ある公共投資、無駄な歳出の削減なども要求して来ました。しかしその多くが、財政支出や金融の大きな負担を伴うか、政府が置かれている現実の状況では、とても出来そうにない事で、それが分っていながら主張し続けました。つまり実行の裏づけに欠ける対策でした。

一方で景気対策を言いながら、もう一方で、構造改革は間断なく進めろと言うのは、矛盾というより自己欺瞞ではないでしょうか。これは明らかに、攻撃するための方便、党利党略です。政治の常道からもはずれています。今だに生きている永田町の論理で、多くの政治家の目的と本音は、目先来たる選挙戦に、とにかく勝利する事、それなしには、政治のなにごとも始まらないとする、改めきれない精神構造から発します。

結果を気にしすぎて、目的に集中できない政治姿勢が、この国の行く手において大きな障害になっています。政党の支持率、得票率、議席数、当選落選、これらすべては、その政治理念や信念への賛否、政策の正否良否、成果や有効性、活動の積極性、訴求力、期待感等への、有権者の評価、判断の結果、いわば判決であって、この、支持される過程と努力を欠落させたまま、結果のみを追い求めるのは、本末転倒さかさまな論理です。

毎度、テレビの前でくり返される、当選勝利バンザイ、勝った勝ったのお祭さわぎ、表向きは一応〝これからの責任を思うと身が引き締まる思いが致します〟とかなんとか言っていても、本心は〝これでひと安心、やっと終った〟達成感が満面の笑みの中に見てとれます。〝あなたたちの仕事はこれからなのですよ〟と言いたい全国の有権者も多いことでしょう。〃当選させて下さった地元の皆様のために全身全霊を捧げます〃とは言わないまでも、全国民を代表するはずの多くの国会議員が、結局は、支持者のために、その意向を受けて走り回ります。卑近な例ですが就職先の斡旋も大切な仕事です。

選挙勝利への技巧ばかりが目立ちます。それは、政策をはじめとして、国民有権者に対し誇れる実績に自信を持ち得ないことの表われでしょうが、この事は裏返せば、私たち国民にも非があるのではないでしょうか。これがある限り、政党政派は常に、政争に明け暮れ、対立は「常識」であり続けます。一方では総与党化現象という、政治家どうしの馴れ合いが並立する奇々怪々な世界を形作っています。

国政レベル選挙においてくり返される選挙協力、議席さえ取れればどんな党とも手を組む、政策さえも修正したり手心を加える、合従連衡的なかけひきや、貸し借りの関係が公然と行なわれています。多くの裏取引がなされているようで、国民の側からはまことに、分りにくい政治地図です。

このような状況の中では、国民世論が、国会の中でありのまま結実することは望めません。これが、国政の前に立ちはだかっている大きな障害物です。政治が正道に進もうとする時、これらは最大の妨害力を発揮します。現在、日本には公党、国民政党と呼べるものが、一つもありません。背後にある支持勢力の意向や力添えを無視できないからです。その理念や政策に賛同する支持者が、党を応援するのは当然ですが、少なくとも政党は、国家全体の運営や政策、国民の意向を優先させるべきです。

日本の政界は、色々な意味において歪んだ空間に浮ぶ歪んだ世界です。国会は所詮、政党による論争と競争、対立の場であるとする思い込みこそ、一日も早く変えられなければなりません。なぜなら「敵対」以外にも、国会はその機能と役割において、充分な可能性を持てるからです。

国民はますます、政治から遠ざかっています。無関心を通り越して、今は背を向けつつあります。しかし悲劇はそんな事に留まりません。多くの国民が、おそらく自覚さえないでしょうが、もはや、この国からも離れています。心情も意識も期するものからもです。何も望まず、何も言わず、いずれは批判することさえしなくなるかもしれません。〃あなたにとって国とは何ですか〃と問われた時、すでに大多数の国民が、単に「存在するもの」という以上に自分との関わりを意識してはいないでしょう。なにか切実な必要か出来事でもない限り、有ってもなくても困らない、無用の長物になっているのではないでしょうか。

社会の成員が、共通の利益を実現できるように、協同性を維持し、国家の内に互いが協調しようとする、集団意識が失われたからです。それは前時代的なものと見なされています。国家無用論さえ出て来ています。この状況を打止めるためには、単純化して言うと、正面突破で、結果を気にしない「超越主義」の政治に改めるべきだという事です。

政治的破局への予感

十年以上前から起っているこの国の変調が、バブル経済の崩壊に続く金融、財政の難局を経て、政府が打出す方策によって終結し得るのでしょうか。それは大いに疑問です。むしろこれは未だ、底深い破局への入口かもしれません。その兆候が色々あります。その主なものをいくつか段階的にあげてみましょう。一、国民の大多数が、国家の将来に関心を抱かず、あるいは抱けなくなっている事。そのため、二、国民が政治に参画しなくなっている事。そのため、三、政治が、必ずしも国民から支持を与えられていない、一握りの政治プロの手で執り行なわれ、密室政治がさらに深く陰湿化する事。そのため、四、国家も政府も政党も、政策のあらゆる局面で、国民からの賛意と協力を得られなくなって行く事。そのために、五、政党や政治家、官僚に到るまで、政策遂行上すべての局面で、誠実さと責任が伴わず、打出される施策はことごとく失策する。

国家構造とその運営、ならびに意識構造の根幹に、座標の曲りが組み込まれているため、率直で正当な政策が成り立たない。

特に、経済政策の失敗によって、景気は長期にわたり低迷、下降を続け、国家税収はさらに落ち込んで、財政赤字が急膨張して行く。現在起りつつある事態は、ここまでのように見受けられますが、実際はもう、底流で思わぬ潜在状況が進行中で、急激な破壊力が醸成されているかもしれません。過去の歴史が示す通り、破局は突然襲いかかるものだからです。

六、失政に伴う責任の所在をめぐって、政党間の争いが激しくかつ先鋭化する。七、人心は荒廃して、社会的混乱、治安の乱れ、予測不可能な、各種の新型犯罪の多発で、国民生活はおびやかされる。八、それらを治めようと、政府はいきおい、武力に頼るようになる。九、警察の力でも手に負えなくなると、自衛隊の治安出動への誘惑が起きるが、国民に武器を向けるのはためらわれる。十、そこで、国家安全保障の理由をもって、駐留外国軍の手を借りる。十一、外国軍支持派と反対派の市民間で内乱状態となる。

以上のような事態が現実に起ると、俄には信じ難いでしょうが、このような悪夢も起り得るとする根拠を示してみましょう。この国すべての政治構造を形作り、動静を決める座標軸が曲り始めたのは、あの総理大臣の犯罪、ロッキード事件以後です。それは単なる汚職事件に留まらず、その後日本の各界各層における指導者たちの権威と、国民の信頼を失墜させて行く契機ともなり、人心の荒廃を一層押し進めて行きました。いったい、何人のトップが衆人「見物」のマスコミやテレビの前で打揃って頭を下げ謝ったことでしょう。まるで、恒例の行事のようになりました。

政治上の失策そのものは、いつの時代にも付きものですが、初めからその結果が予測できるような、政策能力を疑わせる事例が、バブル発生当時から、めじろ押しです。昭和六十三年頃、多くの企業や国民が、銀行融資などをテコに、土地や株を買い漁り、その値上がりによってさらに借金を膨らませながら、マネーゲームにのめり込んで行きました。言わば、虚構の資産膨張による、国家経済の異状なむくみ状態を、当局はなぜ察知できなかったのか、その危さを理解していたならば、国民世論をたとえ敵にまわしてでも、これらの抑制策を発動できたはずです。

歴史に〝もしも〟は無いとしても、この場合には当てはまりません。その後、平成二年頃、地価が天井を打ったあとに、後手の総需要抑制策、地価抑制策が、幾重にも、念には念を入れて実施されました。その結果は当然、価格が、株価も一緒に「必要以上に」大暴落しました。自律的な下落期に入っていたからです。今でもまだ、懲りることなく、それらの規制策を大切に温存しているために、今からまだ地価の下落が予想されています。こうして膨大な不良債権をわざわざ発生させました。

おかげで、国民のだいじな資産価格までが、善意の所有者、家一つ土地一つを大切に抱えていた老人たちや、コツコツと貯金して、やっと念願のマイホームを手に入れ喜んでいた若夫婦の分まで下落しました。あるいは、地価が下がり過ぎたため、相続税を払えず、泣く泣く資産を売り払うなど、多くの一般庶民にまで、塗炭の苦しみを与えています。

これら政治の現実、その責任の針の先ほども取られてはいません。なぜ、このような失政失策が重なるのでしょうか。その原因が、政策当局の判断と実行力のなさとは別の所でも存在するからです。

経済に限らず、事態が悪化する前に手を打とうとすると、どこかに摩擦や痛みを伴います。日本社会における、価値観の多様化は、無原則に進んでしまったため、政党、政治家、業界や国民からも不評や反発を招きます。それを覚悟の上で押し進めようとすると今度は、また別の面の心配が出て来ます。政党や議員たちは、何よりも先ず、議席数や得票の増減を気にします。

政策は二次的で、支持率の低下を極度に恐れますから、本音では有効適切な方策だと考えている事でも、支持者や国民の口に辛い事や受けの悪い事は、なるべく避けて出そうとします。そのため、骨抜きで実効が伴わず、いずれその欠陥やとがめが現れる、小手先、場当りの解決策が議会に出されることになります。それらは、通過し易いように加工してありますから、問題の先送りです。

その典型例は、財政赤字や赤字国債などの縮減案ですが、一事が万事です。選挙での敗北が政党や議員にとって〝致命傷〟との思い込みがあるのでしょうが、国民と国家のため、敢えて信念を通す。そこを本懐とする。それが真の政治家であり、結局は大きな支持を集め得る所以なのですが、日本にはもう、そのような政治家がほとんどいなくなってしまいました。この事は、そのような状況を見過ごして来た私たち国民の側にも、問題と責任があります。

多くの国民が政治に関心を寄せず、自らの国の行く末を、傍観者的にしか見ない、あるいは見得ない状況の中で、どうして、良い政治家が生まれ、国が国として健全に生き得るのでしょうか。これらとの関連で言えば、今や国政を預る政府、官僚、政党、政治家が、正常な国家運営を行ない得なくなっているという、ほとんど絶望的な情景が見えて来ます。もはや手遅れになっている恐れさえあり、破局を予感するのもそのためです。

自由国民主義の発想と発端

「国民のいない国、日本」これはあながち奇をてらってする表現ではありません。個人が各々、この国の一員であると感じ、互いの参画を自覚している国民が、いないという事です。もちろん、意識しようがしまいが、国民なのですが、単に国民であるという事実と、それを理解し、意識し、心情的なものも含めて、この国の運営に参加していると感じ得ている事との間には、大きな差異が生じます。

国民が国家に及ぼす影響、逆に国家が国民に及ぼすそれの両方、いや、それ以上に、国家の成り立ちにおいて重大な「違い」を起し得ます。国家はもとより「人民の集団で統治権の下にある」とします。その集団は、何の目的もなく、自然発生的に生まれるはずはなく、依拠する存在意義と共通意識を成員間に持ちます。

これは、当然の事ながら、国に必要不可欠な要素で、これなくしては成り立ち得ません。人間は集団的な生き物であり、これまでその意図を明確に意識しながら団体を形成し、集団であることの多大な利益を追求、享受しながら発達し繁栄して来ました。その意味から、ここで言う集団とは、これらの意識や意志を備えている存在を指します。

人間はおそらく、人類誕生の時からすでに、集団でいる事の利益がわかっていたし、また、そうである事を強いられた立場にあったかもしれません。直立し、手や火を使える事以外、学んだ知恵はおそらく、この「集団で生きる」という事でしょう。家族集団から部族集団、さらに民族集団へと進み発展する事が、集団の利益をさらに高める形態でした。同時に、人間どうしのさまざまな争いを防ぎ、安定した社会を営み得る方法でした。

当然の事ながら、人間集団は社会規範を生み、維持しようとします。このように、集団は人間社会の原点であり、大事な拠り所です。しかし今の日本は、これを放棄し、失おうとしています。

日本人は、排他的企業集団や組合、協会組織的なものを作るのに熱心で、ある意味で成功して来ましたが、特に戦後は、公共、社会地域集団、国家への意識は軽視して来ました。個人の自由、企業の自由が強調され、社会的つながりや公共への意識はないがしろにされました。今、そのとがめが出て来ています。

インターネットなど、人と人、国民と国民の間に、さまざまなコミュニケーションの手段が発達し、個人間の意志伝達が直接的になると、なにも、国家とか集団を意識しなくとも、個的生活上に支障はありません。だから一見、すべての自由を獲得したような錯誤が起って、もう、国家とか社会を無視して考え行動したり、それらの「しがらみ」を脱ぎ捨ててもかまわない開放感があるのでしょう。

自殺志願者に、手段として薬物を送りつけたり、ネット上で交信した女性を誘い出して金品を奪った上、寒い戸外に放置して殺したなどなど、いかにも電脳的で心は通わない時代の犯罪が突出して来ています。自由や開放、利便性は望ましい事ですが、人間には当然、社会生活がありま す。これと個の生活が混同されてはなりません。その最低限の手立ては、やはり国家がすべきではないでしょうか。

混乱はすぐには訪れません。しかし、初めはゆっくりとですが、あとでは急激に襲いかかって来ます。病状は表面に出ていなくても、内包的に進行して行きます。気付いた時は手遅れというわけですが、不幸なことに、それを一番遅く知るのは国民自身です。過去、太平洋戦争の大本営発表を信じ切っていた多くの国民が、一例として、住む町が空襲されたり、原子爆弾の投下で、人類史上でも稀で過酷な被害に遭った上に、ある日突然、終戦の詔勅一本で国の敗北を知るといった具合です。

ひるがえって現下、政府もまだ、なんとかなると考えているでしょう。それで、考え得る限りの場当り的対策を打出しますが、効果がなくなり、いずれは、どうにもならないことに気付くでしょう。しかしそれを国民に知らせることは決してしません。表面を取り繕います。そして国家機能の崩壊が始まります。国民の大多数は、なぜそんな事になってしまったのか分らないでしょう。

これら重要で大きな国家的欠陥が、国民からも政府からも顧みられることなく放置されています。いや、見て見ぬふりをしているのかもしれません。実は、この事の実証を理解するのは簡単です。それは誰もが知っている事実、国政選挙をはじめ、各級選挙、審判における投票率の絶望的な低落です。その理由はさまざまに言われて来ました。政党支持率の低下、国民の政治離れ、政治不信などですが、それは表面的な捉え方であって、本当は「国民の国家離れ」です。

この事は、国民が国を半ば放棄している状態でもあり、いずれは国家の政策を認めない事に繋って行くでしょう。人民の国家忌避、これは人間の集団離れですから、行き着くところは混乱であって、その結果は重大です。集団である事を放棄した人間社会が、正常に機能し、改良発展するなど考えられません。

この国がおかしくなっている真の原因に気付き、政府、官僚、政治家よりも先に、まず国民どうしが、あらゆる立場を超え、みずからが住む共通の生活圏、領域内の問題について「連絡協議」する場を、ただちに造り出すべきです。

日本国の領域には現在、一億二千万人の人が住んでいますが、お互いに共生の意識は希薄です。島国の単一民族だから、なんとなく「まとまり」を持っているように見えますが、それは錯誤です。実は、この列島の中で皆、思い思いに生きているだけで、言わば烏合の衆と大差なく、この事自体がすでに正常ではありません。同じ土地、空間に住みながら、人が互いに社会意識を持ち得ないでいる状況は、単に共生利得をなくして行くだけではありません。

価値観の多様化が著しい現代では、その相違による社会的競争、軋轢、混乱を激化させるばかりです。

一九四五年八月十四日以前には、国家理念に誤りがあったにせよ、国民には、国家社会との明確な関係意識がありました。国民間にも、運命共同体的な繋りがありました。ところが戦後、アメリカによって欧米型の民主主義が導入され、その主導による新憲法が作成発布された結果、戦勝国の立場を意識し過ぎた、無批判な受入れ方となり、国民間の精神的連帯をも破壊してしまう素地となりました。

それは旧来の国家体制を否定する事と、主権者として国民の権利のみを強調する内容でしたので、結局は、真の意味では民主主義社会とは成り得ず、曲解された形で日本に定着してしまいました。そのため、今ここに到って、国民の精神的離散状況が生まれ、権利は主張するが、社会的責任の意識は低い、仮想民主主義社会となりました。このような意識の覚醒なしに、日本を救う道はありません。名目ではなく実質的に、個人が「国民」になっていない状態での自由と権利の主張は、放縦と混乱を招き、逆に国民成員状態におけるそれは、秩序と個人の自律と責任意識をもたらします。

私たちは、新しい理念と方法によって、国民の意識を変革しなければなりません。以下はそのための提言ともなるものです。

国民が国民意識を喪失した事により、この国はさまざまな問題を抱えることになりました。ここで言う国民意識とは、簡単に言うと国民みずから、国の構成員であることを認識し、主権者として必要な権利を主張するとともに、国民としての義務を果しながら、国の方途に関心を持ち、国会に代表者を送り出して、国政に参与するための選挙権を正しく行使する等、積極的な政治意識です。

今、国民は、国をある意味で対峙した視角から見ています。国は「国民の権利を擁護し国民が権利を主張する対象」とする感覚が定着してしまっているからです。その反面、たとえば、地方自治体や産業界は今だに、国の政策だのみの姿勢があり、国からいかに多くの予算を獲得して来るかが大きな仕事、そして功績でした。人びとの何気ない言葉の中にもそれは表われます。ほんの一例ですが〝年金を貰う〟と言います。当然受取るのではなく、上から下されるという感覚ではないでしょうか。今だに国家とは「お上」の位置づけのようです。

このような甘えの構造が変えられない限り、国民と国家の関係は後進性を持ち続けるでしょう。政府や官庁の機構をもって、国家と誤認するような曖昧な認識なども正されなければなりません。

国家とは本来、人民の団体ですから、国民の結合体こそ、国と言えるでしょう。そして国の政策の立案や、その執行者として政府がある。つまり政府は、国の手足として機能すべき「手段機構」です。このように、国家と国民の関係、国会と国民の関係、国民の協議体としての国会と政府の関係を、国民が明確に認識するところから真の国家改革が始まります。

この位置づけ、国家の基礎が定まっていない限り、国の正常な運営、進展は望めません。今まで、この事をなおざりにし、不安定で曖昧な基礎のまま、屋上屋を架して来たため、今さまざまな困難や障害が現れています。国民相互の協力体こそ、めざすべき正当健全な国の姿でありますから、その実現のためには、概略、次のような基本的認識を必要とします。

国政選挙における国民の認識

日本国憲法ははじめに「日本国民は、正当に選挙された国会における代表者を通じて行動し」とありますが、この、議員を選ぶという、重要な、国民に固有の権利を行使する時には、国民一人一人に、簡潔な一国民の立場が望まれます。さまざまな社会的立場や利害関係等、つまり、しがらみによって、この神聖な権利が歪曲されて使われてはなりません。国会議員を選ぶにあたって、国民は単純な「一国民」でなければならない。

これは理想の建前論ではなく、国会と議員の、良い意味での権威を高め維持するために必要な事です。なぜなら、そこで提案、審議、議決されたすべての事について、国民が信認し、その執行については特に、理解、承服され「協力」をも求める必要があるからです。政治と社会をむすびつけるために、政治に意欲のある人を束ねる役割が政党に求められています。このような、国民の認識と意志によって選出された者こそ、真に国民を代表する議員と呼ぶことができます。さらにその議員が集い、どのような議会を形成するかが重要です。

正当な「国民の議会」

以上のような事から、構成される国会は、基本的な方向性として「協力議会」でなければなりません。国民が国会に望む目的は、議論や論争にあるのではなく、国家と国民にとって最良の政策を創造して行く事です。議論の結果が国民に納得いくものでなければなりません。政策上の対立や論争を終結させるため、すぐ妥協案で解決しようとしたり、さまざまな方向からの要求を、苦心の調整案でまとめるといった方式が、これまであまりにも多用されて来ました。

そのため、当初案が意図した主旨が、骨抜き、縮小、ねじ曲り等により、変形して成立してしまう例が多すぎました。省庁の改編、削減にしても、結局は実質元通りに落ち着きそうです。政治に調整は付きものとしても、それが目的化してはならず、提出案件本来の目的を損なうことなく、国民の望みと意志が最大限に生き、尊重された決議内容とならなければなりません。

それは、論争と対立の議会では不可能であり、これから説き明そうとする「自由国民主義」に基づく協力型の議会によってのみ実現されます。この形の議会は、すべてが一つの見解や結論に無理やりまとめられるといった性格のものではありません。〝まとめる〟とか〝まとめられる〟のではなく、素地に、国民意識が確立されている事によって、自然と〝まとまる〟議会なのです。もしそうでないなら、一党独裁にも似た前時代的なものになるでしょう。

これまでの日本の政治は、土俵のない所で相撲をとっているようなものでした。国家への共通理念や未来像といった、めざす目標のないまま、おのおのが自分たちの異なった立場を背景に、全体の事を考えない自分勝手な要求を主張したり、政争をくり返して来ました。これでは、国としてどちらにも進み得ない、根なし不毛の議会であり続けます。協力議会とは、たとえて言うと、お互いに同じ土俵、共通する国民意識の上で議論し、勝負、すなわち議決が出たあとは、皆がそれを認め従い、その執行においても、共に協力して実現をめざすという仕組み、制度を造るという事です。これは、奇麗ごとではなく、環境や条件、つまりそれが可能となる状況が造り出されれば、当然できる事です。

国民が認めた国家のビジョンあるいは、めざす一定の目標が、前提として有る場合において、それを達成すべく定められる、国家運営の基本方針や方策によって、国民が協調しながら「前進」しようとする理念に基づく、新しい型の議会です。その理念に依拠した、国民の代表者たちによる議会こそが、国の目標をも達成可能とするでしょう。

国民を一つの価値観にまとめ上げ、しばりつける戦前の国民総動員的な議会ではなく、むしろ、国民の自由で多様な価値観をベースに、各々の個性と長所が最大限に発揮されるような環境と条件が整えられます。正常な国家運営に必要な基本的制度を定める以外は、国民各界各層における多様性を超越的に包含しつつ、国の全体に機能的な一体性を形成しようとするものです。それによって、国民共生による利益を最大化します。

このように、正当な議会ができれば、国民はみずから、政治に参加して主権を行使する、真に国家の一員と成り得ます。この事は、国民一人一人の立場が、国家社会上あるいは政治上の身分として確立する事であり、国民と国家の関係が明確になる事でもあります。それとともに重要な事が、国民相互の関係です。

自由国民主義の概念

自然の理法に従って「国を成す個人」が、その社会集団の改良発展と良好な福利を追求するという、互いに普遍的な心情を「共有することのできる基礎的共感」とし、政治を、人間の物理的作業、あるいは利害調整機能ではなく、共生を志向する精神と、それに基づく社会的行動から始まる「手段」として認識する。

すべて、政治は「創造」であり、創造は「思考」から始まる。ゆえに、政治は思考から始まり、思考を根本とする精神的合意があれば、政治的利害は自然と整う。

政治的利害を超えて、共感と意識上の合意を重要視し、その望むところと、実現への基本的な政策方針を集約する。さらに、共通の領域で、共により良く生きようとする、建設的意志と意識の涵養によって、功利的社会を実現しようとする理念。

自己自覚による自由な個人が、国家を、個人の集団と認識しながら、国家と国民の関係を確立し、完全な「国民成員状態」を形成しようとする。社会の内にある、あらゆるセクトの利益を追求して来た従来の利益共同体に代って、国民の団体として、普遍的な共同体をめざす。

国民相互の表出的共同社会

島国で単一民族的な日本の中で、国民は自然な形で、一種、共生しているかのような感覚があります。職場や地域社会、あるいは市民活動においても、互いに協調して動いていても、それは国家社会を意識しての事ではありません。また、それ以上に、同じ国民としての水平的つながりは、制度的なものも含めて形の上で実質的には存在していません。

それでもこれまでは、内部の矛盾を表面化させず取繕って来ましたが、これから先も、国民の連繫なしに、正常な国家運営ができるのか大いに疑問です。混乱の兆しとして憂慮すべき事態が起っています。財政危機をはじめとする経済不安、社会不安の端緒を思わせる特異な事件、いずれは政治不安、学級崩壊等、教育の混乱、少年の犯罪など、国民が共に解決に当らなければ出来ない事ばかりです。特に日本は、これからの超高齢化社会へ向け、今国民の関心事である、医療や介護とその保険制度にいたっては、全国民相互の協力態勢がぜひ必要です。これが形成されていないからこそ、制度の混乱が起きます。「表出的共同社会」とは、曖昧な限定的協調社会ではなく、国民どうしの協力関係が可視的な、国民共同体的な社会です。

財政赤字解消策におけるプラス思考

日本がこの表出的共同社会になれば、まずその一例として、財政赤字の削減など、直ぐにできます。この問題で常に言われて来たのは総論賛成、各論反対です。予算は削減すべきだが、自分のところは別、他へ言ってくれのせめぎ合いになります。なぜそうなってしまうのか、その原因はやはりこの国が、構成員の協調型になっておらず、相変らずのタテ型競争社会だからです。また、赤字をいかに減らすかの、後向きマイナス過程ばかり考えるので、国全体が、うつむき消極姿勢になります。これをプラス思考に転換、いかにすれば黒字になるか、さらに黒字をふやせるかに視点と発想を変えるわけです。

日本に今、豊富にあるものは何でしょうか。それは物とお金、あらゆる生産設備と高い技術です。これらを積極的に活用するだけでよいのです。他で述べる二つの「てこ」を利用して、有り余る物品の価値を高めます。前にも述べたように、これは物価を上げる事ではなく、従って、インフレーション策ではありません。

現存する需給ギャップは、需要喚起策では解消せず、供給力を需要とバランスする水準まで下げなければならない。そのための構造改革が求められています。仮に一時的に需要を高めてみても、現在の市場金利の動向から言って、国債の価値が下がるとの思惑が生じ、長期金利の上昇につながってしまうと言われます。そこでこの方策は……

デフレーションのために、日本国内では価値の上がらないあらゆるものを、全世界の国ぐにに移転して、活用する方法です。もちろん、相応の運用技術、政策技術は必要ですが既存の赤字削減策よりも、はるかに容易で実現性があります。これによって、日本の税収は格段に増え、赤字はたちまちの内に解消されるでしょう。今は夢のような話に見えるでしょうが、財政黒字を増やし、それを国民に還元、配分するという大計画を打出すことです。

処方箋はもちろんあります。わが国の物余り、生産設備過剰、土地余り、それによるデフレーションという経済状況は、日本国内での事です。これを全世界的に発想すれば、実は〝物不足〟なのです。もちろん必要なものがです。つまり物の価値、特に日本製品は〝高い〟のです。この事は、ここ何十年来、日本の輸出超過・貿易黒字が続いている事からもわかります。全世界に向けて日本のものを移転するだけで、価値は途端に上がります。

日本国内の物余り状態を解消すれば、物の実質的価値は上昇して、個人の金融資産は、物買いと消費、投資、設備づくりに移行します。世界あまたの開発途上国、貧しい国ぐにを助けるだけで、その国はもちろん、日本も恩恵を受けます。世界には、どんなに債務の削減努力をしても借金が減らない「重債務最貧国」が41ヶ国もあります。これは自然の理法に従った政策だからこそ成就する〝業〟あるいは技巧でもあります。同時にこれは〝理念型経済〟への脱皮をも意味し、日本経済再生への鍵ともなる政策です。

実はこの方法の最大の利点は、国民の負担、つまり、増税や緊縮財政、福祉の削減などをしなくてもよいところにあります。そのため従来ならば肯定しにくい奇策が受入れやすい、その上、雇用も促進されます。日本の過剰労働力は、終身雇用制が生み出した大きく深いものですから、リストラでは解消しません。先行きに明るい見通しが立てば、国民も政府も産業界も前向きに進み、もちろん景気は回復するでしょう。

いっぽう、凶悪で異常な犯罪が全国で多発しました。特に少年の短絡的事件は、この国の行く末を暗示しているようです。何の罪もない、これら犯罪の被害者を、これ以上ふやしてはなりません。これは直接、市民の生命財産をおびやかす、国家的な問題です。なぜなら、犯罪は言うまでもなく、社会から飛び出して来て、不特定多数の個人に襲いかかるものですから、この災厄を根絶するには、やはり国民が連繫して事に当る以外ないからです。

警察への全面的協力も必要です。犯罪が多発、凶悪化、広域化しているのは、この社会が犯罪を他人事として看過、軽視したり、無関心であるために、検挙率が年々下がるなど、つまり犯罪を犯しやすくなっているためです。刑法の実効化や裁判制度の活性による効率化もはかられなければなりません。これらに対する効果的対応も、表出的共同社会によってはじめて可能となります。日本はこれから治安の問題も起きて来るでしょう。そのために重要になってくるのが「地域社会」の確立です。

地域社会の再生

戦後の日本が、目標として経済成長への道をひた走って来たことにより、企業や産業界中心、主導の社会となり、多くのいわゆる会社型人間をつくり出して来ました。属する企業のためには、社会規範が眼中にない人たちです。そのために多くの企業犯罪が起きました。サラリーマンだけが会社型人間なのではありません。企業に属さない人たちでも、生活行動パターンが、仕事先とわが家の往復だけ、そのエリアもそこに限定されるという人が少なくありません。つまり地域住民としての感覚は希薄でした。

余暇があり、その過ごし方もさまざまでしょうが、勤める会社の人たちや家族とだけが、人間関係のほとんどだという人も少なくないでしょう。都会では特にそうです。そのために日本人は、職業上関係のない他人との交際、仕事を超えた交流、いわゆる横のつながりが薄く、無関心でもありました。

しかし、その家庭がある〝地域〟においては、お互いにまぎれもない〝一住民〟です。不断、となり近所の人たちと挨拶さえ交わさなかったとしてもです。この「住民」としての立場と位置づけは、これからの日本社会において重要な事となるでしょう。年功序列、終身雇用制の崩壊などにより、会社への帰属意識が薄れ、流動的になる上、週休二日制の定着などで、余暇、可処分時間がふえるなど、家に居る時間も多くなり、家族の結びつきは別にして、家庭中心の生活意識に変りつつあります。

その上、停年になれば、第二の人生として地域住民活動に生きがいを見出す人たちも増え、停年前であっても、職場の域を超えた横のむすびつきや異業種交流などにも関心が高まっています。高齢化社会の急速な進行で、このような流れは、今後大きく広くなり、会社中心の人も家庭の主婦も含めて〝地域住民化〟するでしょう。たとえ地域の活動に参加しなくてもです。

こうなると、地域社会における、人びとの活動は重要性を増します。

またそれに対するニーズも高まります。たとえば地域災害対策、防犯・環境衛生、老人医療・介護、子供の教育と環境など、どれもが住民の協力や、ゆくゆくは、組織的で大規模な体制が必要なものばかりです。

地域社会と言っても、その捉え方はさまざまでしょうが、ここで言うのは、例えば町内会や自治会程度の範囲です。今どき、自治会と言っても、特に都会では影がうすく、ゴミの収集などのほか、ほとんど老人クラブの延長くらいにしか理解していない人も多いことでしょう。事実、その役員もスタッフも、高齢者が大半で、特に若年層は無関心でした。

昔、特に戦前、町内会という組織は、良きにつけ悪しきにつけ、住民にとって、横のつながりという意味で重要な役割を果しました。今に到る、自治会組織の衰退は、日本社会における、人と人とのふれあいが疎遠になるにしたがって進行しました。それはしかし、ほんとうに不必要なゆえに起った事なのでしょうか。

人びとが共に住むこの地域社会、以前、家庭に父がおり母がいて、子供たちが育ちゆく家々、それらが、となり近所と交わりながら息づくところ、それが町内会でした。ところがいつしか、日本が経済的に豊かになり始めた頃から、家庭から会社へと、父が去り、母も仕事や趣味・遊びにと外出がちとなって行きました。両親の関心が家庭の外へ向くにしたがい、子育ての主な目的も、その精神的な向上や健全性よりも社会的な地位や、より豊かな生活をめざす事、そのためには、子供をレベルの高い学校に合格させ、末は一流の会社に就職させる、あるいは収入の多い職業につかせる事となりました。

そうして子供たちを偏差値教育へと押しやり、その結果、社会人として自立、自律のできない、多くのいわゆるアダルトチルドレンなども生み出して来ました。豊かさの尺度は、どのような言い方をしようと、収入の額の大小です。夫の稼ぎの少なさを嘆く妻、そして父の、良い意味での権威、母の暖かさや優しさを少なからず失って来なかったでしょうか。経済的に豊かな事だけが、幸福なのではないと分ってはいても、事実それを追い求めて来ました。その結果、多くの子供たちに、自己の存在、生き方への迷いや疑問、将来への不安を植え付けました。

今、学級崩壊さらに学校崩壊が問題になっています。授業中に生徒が勝手に席を離れ、自分のしたい放題、騒いだりしてとても勉強ができないというのです。この状況は先生も止めることができず、ましてや先生一個人で解決できる事ではありません。半ばあきらめて成り行きにまかせているのが現状です。一方親たちも、教育は基本的には学校がやるものという意識ですから、この流れを食い止めようと、学校にまで出しゃばって行こうとはしません。こっちも成り行きまかせです。

これは、先生にも親たちにもがんばってもらわなければならない、将来への由々しい悩み事なのですが、これはよく見ると、結局は、後述するような「社会」が生み出した問題であり、さらに、実際的には「人間の社会集団」としての国家が解決すべき事です。こう言うと〝国家は教育に介入するな〟という議論になりがちですが、ここで言うのは、旧来のお上的国家あるいは政府が教育をどうこうするというのではなく、この本の言おうとしている「国民の協力団体」、砕いて言うと、子供たちの親仲間と先生仲間たちが、寄ってたかって、この問題に取り組む形、仕組みをつくるという事です。

日本社会における、省庁はじめ政界、財界、企業や団体、教育、医療などあらゆる所で、いわゆる〝横ならび意識〟が定着しています。それはもう心地よくなってしまっていて、たとえ正しく、社会的に有用な行ないであっても、一人突出して目立つ行動は〝してはならない〟しないほうが良い、したくない、すれば恥ずかしいとなり、この「症状」が無意識の内に、蔓延しています。もうそれが当り前になっていますから、皆、不思議とは思いません。筆者は時々、家の前の道に捨てられた、たくさんのごみを拾ってまわりますが、特に若者たちからは〝この人変わった人だな〟という眼で見られます。自分も一瞬、変人ではないかと、気持がひるみますね。

これはもう「社会的な病気」と言えないでしょうか。この病気がついに、社会の基礎単位としての「家庭」に入り込みました。さらには何の抵抗も受けることなく、学校へ学級へと入ってしまいました。もちろん子供たちの頭脳の中に完璧にインプットされました。学校とはこんなもんなんだと、なめられてもいます。ほかの皆がやってるから、自分も授業中に突然騒ぎだしたりします。善悪を自分で考え行動しようとはしません。大人社会と似て来ています。

これらは少々の「改革」ではどうにもなりません。問題点はわれわれの「意識」にあるからです。

私たちは今、これらの事について反省すべきだとしても、もはや過去への悔みだけでは解決できない、奥深い難題を抱えてしまいました。

家庭では、他の家庭を見回しながら、皆が同じである事に安堵しつつ、表面的には体裁を保ってはいても、内部で崩壊しつつある楼閣が増えています。隣人とのつながり、大きくは地域社会の連帯という防波堤をなくしてしまったために、社会の病根が直接、家庭を攻撃するという、日本に前例のない社会現象が生じました。

社会の基本ともされて来た「家庭」の混乱、核家族化が行きついた果てに起る不安定さは、特に子供たちの心身にも影響します。一見、平穏に見える普通の家庭でさえ、内部には家族関係の希薄さや冷やかさ、むずかしさを包み込んでいるようです。

生活して行く上で、最後の拠り所と信じて疑わなかった家庭さえも、安住の場所でなくなりつつあるこの日本社会の現状は、先行きの混乱を予感させます。ずっと以前に起きた、予備校生による金属バット殺人事件、家庭内暴力の息子を殺害した父親の事件を引き起した「社会病理」は、基本的には今もって温存されたままですから、また違った形で事件は吹き出して来ます。社会の枠組みが変えられず、したがって、人々の意識もそのままだからです。

家庭を再生させるためには、もはや、その「家庭」が拠り所とする、地域社会の再生、さらには活性化が緊要です。日本の社会が過度に都市化された事により、今は見捨てられている町内会的な仕組みの、現代化による発展が、実は必要な命題でもあったのに、私たち皆で捨て去って来たものだからです。それによってもたらされる「共生」こそが、私たちに真の安住の場所を実現するでしょう。その方法を創造しなければなりません。

それは、自由国民主義の理念と、それに基づいた方策の実践によって具現できます。阪神淡路大震災における、地域住民や全国からの奉仕と協力活動の成果も示唆を与えています。別の機会に述べようとする全体的な構想の中の、ごく一部の試案ですが、地域住民が、それぞれの家庭にある有形無形の持ち物を、「出資」の形で持ち寄り、その背たけに相応した会社を作り、地区の営利事業として運営したらどうでしょう。利益は住民に分配します。もちろん国家が支援し、求めに応じて指導します。その土地に合った事業などを、そこを知りつくした人びとが互いに楽しみながら運営し、働く事によって、住民の強い繋りが生まれないでしょうか。

国会と政府および国民の関係

政府を完全に〝国家政策を遂行するための手段〟とする事、国会を名実ともに、最高の立法機関とする事が必要です。国民と国会と行政府が、三位一体的に融合して国家を形成する中で、国会と政府の関係はいかにあるべきかを明確にしなければなりません。以前から、官僚主導型政治の弊害が言われて来ました。議員がたよりないから、その代りに官僚のみなさんが〝はがゆくて〟力をつけて来たとも言えるでしょう。

バブル景気以降の約十年間、打ち続いた数々の失政を見れば、自由民主党ばかりでなく他の政党を含んだ、日本の現政治体制そのものが、この国の現状に不相応なのは明らかです。

過去、日本が政府主導のもと、国をあげて輸出主導による経済成長策を推進した過程において、官僚の指導用件や守備範囲が広がったため、それが意図されたものではなかったにしろ、権力の拡大につながる要因となりました。

国家における行政府の役割は本来明確です。国会は国権の最高機関、立法の機関として、政党や行政府、議員の立案になる種々の案件を審議、決議して、その主旨を完遂すべく行政府に委ねますが、その事は、もとより、国民の信託を受けた国会が発する行為でありますから、国民が国会を通して政府に、案件の決議内容を全面的に付託した事にほかなりません。

国民からの受託者である政府は、遂行の主導者ではありますが権力者ではありません。権利を有する国民が、それを行使する際の手段として形成付与されている、あくまでも「行政機構」ですから、その役目を逸脱してはなりません。この当然な使命に錯誤が生じるため、一部の官僚による不祥事が起ったり、国民の側も、あたかも政府が国家そのものであるかのような感覚を持ちます。

最近、官僚主導の行政運営を政治主導に切り換えるべく、内閣機能の強化策がとられているようですが、表面形式上はともかく、実効はあが

恐縮ですが
切手を貼っ
てお出しく
ださい

112-0004

東京都文京区
後楽 2—23—12

(株) 文芸社

ご愛読者カード係行

書　名			
お買上 書店名	都道府県　　市区郡　　書店		
ふりがな お名前		明治 大正 昭和　　年生　　歳	
ふりがな ご住所	□□□-□□□□	性別 男・女	
お電話 番　号	（ブックサービスの際、必要）	ご職業	

お買い求めの動機

1. 書店店頭で見て　2. 当社の目録を見て　3. 人にすすめられて
4. 新聞広告、雑誌記事、書評を見て（新聞、雑誌名　　　　）

上の質問に 1. と答えられた方の直接的な動機

1. タイトルにひかれた　2. 著者　3. 目次　4. カバーデザイン　5. 帯　6. その他

ご講読新聞　　新聞	ご講読雑誌

文芸社の本をお買い求めいただきありがとうございます。

この愛読者カードは今後の小社出版の企画およびイベント等の資料として役立たせていただきます。

本書についてのご意見、ご感想をお聞かせ下さい。 ① 内容について   ② カバー、タイトル、編集について
今後、出版する上でとりあげてほしいテーマを挙げて下さい。
最近読んでおもしろかった本をお聞かせ下さい。
お客様の研究成果やお考えを出版してみたいというお気持ちはありますか。 ある　　ない　　内容・テーマ（　　　　）
「ある」場合、弊社の担当者から出版のご案内が必要ですか。 希望する　　希望しない

ご協力ありがとうございました。


〈ブックサービスのご案内〉

当社では、書籍の直接販売を料金着払いの宅急便サービスにて承っております。ご購入希望がございましたら下の欄に書名と冊数をお書きの上ご返送下さい。（送料１回380円）

ご注文書名	冊数	ご注文書名	冊数
	冊		冊
	冊		冊

らなくなるため、有名無実となるでしょう。これまでに述べて来た実情からも、主導しようとする政治家自身が「国民の真の代表者」に成っていないからです。国民のほうがそれを認知していない上に、官僚のみなさんが、それを充分に分っているからでもあります。一部の利益を代表する者が国政を正しく運営することはできません。それは自然の理でもあります。

ここでも、国民相互に横の連絡協議体があれば、司法も対応しやすく、不正腐敗も起りにくくなります。現状では、国民の側に不正を赦さない直接的な方法がなく、このままでは恐らく政治の闇が残り続けるでしょう。また、政府の政策を受け身や各論反対で対応するのでなく、国民も、国政手段としての行政府に、むしろ協調する姿勢に発想転換すべきときです。これもまた国民の連繫が望まれる所以です。

おおむねこのような原則が確立されれば、国民と国会と政府は直結し、一体化しますので、それぞれが期する本来の存在目的に、完全に邁進没入できるようになるでしょう。今、日本の国政上の欠陥は、国民にとって政治のわかりにくさにあります。閉鎖型と言うべきか、国民には知らせずに事を進めるほうが旨く行くという思い込みがあるようです。政治家が必ずしも悪意でするわけでもないのに、そうなってしまう傾向があります。

それは国民の側にも障害があります。国政に関する世論、要求や意向が集約一体化された形に表面化せず、散発的な市民運動や団体からの個々のレベルに留まります。その代り、各種の業界、協会、自治体からの圧力や陳情活動は、われ先に永田町へと押しかける、非常にいびつな構図になってしまっています。それを受ける政治家たちも、それらの要求をうまく処理して行く事が〝政治〟だと、大きな思いちがいをしているところがあります。事実、そのほうが得票につながると、堂々と言って歩く者さえいる仕末です。

これは国民の政治離れにも大いに関係する事ですが、黙認あるいは容認されてもいます。政治とは所詮そういうものだとする、あきらめでしょう。しかし、これまでは、それも赦されたかもしれませんが、これから先は、財政、経済の問題、社会問題、教育、介護など、深刻かつ緊急な対応を迫られる事態が予想されます。

その時に、国民が望む事、意向を政府が的確に掴みきれない場合には、不測の状況が生じるでしょう。望ましい姿として、国会と政府が、一、国民世論をその主旨にのっとって、ありのまま受止め、二、正当に選出された議員により、三、国民に支持されて提出された議案が、四、政党や会派の力関係や、利害関係者の圧力等で歪められることなく議決され、五、使命感ある行政官庁の手で遂行されて行くなら、国民は政治に信頼を寄せるでしょう。今は理想的に見えるでしょうが、これが出来る方法はあります。

このような、政治の透明性によって、ますます関心も集まるでしょう。そうなるためには、唯一、新しい政治観のもとに国民が連帯して国政に臨む以外、方法はありません。ここではその方策について提言することになります。

国民世論の体系化

今、日本の政治に求められる発想の転換、それはごく単純な事、政治を国民の側から発想、発意してすべての国民が共生するための手段とする事です。政治は「目的」ではありません。その徹底的な「道具化」こそが、真の共生的社会を実現します。日本は一応、民主主義国家であることを大方の日本人が認め、主権は国民にあるとする建前を、なんとなく信じて来ましたが、果して実体はどうでしょうか。

国民の意志、希求する事が、一定のシステムによって収束され、国会を通してその意思が行なわれるべきですが、その過程が必ずしも明らかではありません。議員提案、政府提案によるにしても、国民のあずかり知らぬ所で、わかりにくい過程で成立して行きます。形式上はともかく、実質的にこれで国民主権が行なわれているとは言い難い。国民もこれまで、自発的にこの作業に係わろうとはしませんでした。

審議とは形だけ、一部の案件を除いて、実のある議論のないまま、お膳立て通り右から左へと成立して行きます。もちろん適法に処理されているのでしょうが、国会がまことに形骸化しています。臨場する、全国民を代表するはずの議員の使命感が、国民の側からは感じられないのです。

そこで、世論を適切に収束し得る一定のシステムを形成しなければなりません。唐突ですが一例として、北朝鮮との事があります。日本の世論にはまとまりがない事を見透している相手は、日本との対話はそこそこにしておいて、米国とのそれには熱心です。日本は半熟たまごのように国の中身がぶよぶよですから、自分の国の意志がないのも同然で、結局はアメリカに同調するしかないと思われてもいます。他の国ぐにからもです。

日本人拉致疑惑で日本政府はとても困っています。被害者家族の心情はいかほどか、でも全く進展を見せてはいません。じりじりと時間ばかりが過ぎて行きます。解決できない理由ははっきりしています。整然とした国民の意志が出来なかったからです。その理由もまた、はっきりしています。国民が国家の外側に離散しているからです。ではどのような仕組みが必要でしょうか。

そのシステムは、政治全般にわたる国民の意向、心情、要望を常時、把握、分析、集約しながら、システム部内で一定の協議を行なったあと、意思統一作業を加えて「国民世論」としておおよそ一体化します。それを直接、議員団が政府に提示するものです。これを仮に「国民世論連絡協議会」とします。その概略をごく簡単にふれますと――

この組織は、国民の声を積極的・組織的に形成しようとするもので、選挙権を持つ国民なら誰でも参画できますし、選挙権未満者、未成年者でも、一定の条件のもとに参加できます。政党人等も参画できますが、もちろん一国民としての立場でです。会員は定められた権利を行使するとともに義務を果します。全国統一会で、最高議決機関は、全会員協議会（以下すべて仮称）で、委員会、運営責任会議を構成しますが、成員の協議を取りまとめる役割に限定され、特別な地位を意味するものではありません。

運営責任会議を除き、協議や議決はすべて、インターネット等のコンピューター技術によって行なわれ、協議方式は原則的に、賛成・反対の二者択一方式で処理します。この組織の特徴は、社会の各界、党派、業界、組織、団体に属する、あるいは属さない人びとの横断的連結の会という点です。

この会の起動により、世論は体系化され、まとまりを持ちます。さらに広範な国民への浸透と拡大により形成された世論は、国民的な政治見解へと昇華されて行きます。これは過去のいかなるイデオロギー、政治理念とも異なる社会改革案に基づき、将来、新しい国家像を描く基礎となるものです。それは既存のいかなる政党会派や政治勢力を超えて、全く新しい政治的結合体へと繋る必然性を内包します。その原理となるものは、国家組織面において次の通りです。

共同生活する人間の集団、生産関係の総体を土台として築かれている、人間の有機的結合体である国家社会の存在価値を、最大限に発揮して、個人の福利に寄与することを目的に、日本国籍を有する個人は協同連帯して日本国を形成する、すなわち日本国は、その領域に生きる日本国民の共生体である。

現代社会は、自由と権利の範囲が拡大して来たこととは反対に、個人が仮にも、社会から隔絶して生活する事を不可能とする要因と状況を生み出している。社会を構成する単位相互における関係の緊密化と複雑化は、個人を、精神面、物質面を問わず、否応なく社会にむすびつけ、影響にさらし、個人もまた、望むと望まざるとに関わりなく影響を与えつづける。

そのため国民の、意識における国家離脱をはじめとして、過大に取得された自由と権利が反面、社会ならびに他者のそれはないがしろにしている。その結果、人の権益を害し、束縛感や物心両面に被害を及ぼし、結果として、自由は制限されるという、反目的的帰結を生み出している。この事は、国民として表面的には国家社会を形成しながら、実際にはその社会との精神的、意識的な繋りを喪失して来た事に起因する。

この事が顕著な日本社会においては、その矛盾もまた特徴的に現れてきている。人は個人のみで、広い意味での自由を享受することはできない。本来、調和して社会の内に生活する宿命的な存在だからである。国民としての共生を意識することなく生きることの不自然性と不当を解消するため、個人が自己の発意によって国家に参入し、その経営と進展に参画、寄与する、その能動的な国民意識こそが、人を真に自由たらしめ、権利を正当に行使し得る。

ここに、我々日本国民は、協同連帯の意識を基礎として、日本の再生を志向する。日本国が、その形成目的に沿い、真正な発展の道を進むため、主権行使機能としての「国民」をはじめとして、議決立法機関の国会と、行政機能の政府、司法機能の裁判所が、四位一体で国家を運営する。すなわち四者は、機能的には分立せず、統一機能により、新しい国家像と政策理念ならびに国家運営の基本方針を定める。

政府は、この基本方針に基づき、国家運営計画を立案する。

国民の会議

国民は主権を持ち、国家の意思を決定する政治の主体でありますから、その主体性を確立するため、国民みずから能動的に、国家作用に加入する地位にあります。それ以外の立場や特権あるいは各個の利害を国会に持ち込むべきではありません。単純平等に、一国民として臨むべきです。議員は、一部の利益代表、利害調整者としてではなく、文字通り、全国民の代表者、国政の連帯責任者として、公明正大にその職責を果すべきです。

この意味で、日本の国会は現在、とても国民の会議とは言い難い。利益誘導、予算獲得マシーン、金権腐敗、政官癒着、官政盲従等ありとあらゆる悪しき形容がなされる政治家たちの「殿堂」となっています。政治家たちが国民の前を取繕い、表面的、形式的議論に終始する、議事通過のためにある総会場になっています。

国民の政党離れ、政治離れ、果ては国家離れの大きな原因がここにあります。国民の意思が直接的に反映され、信頼を寄せる、ほんとうの意味の「国民の会議」になっていないからです。名実ともに「国民の協議の場」とするため、政治の主体となった、真の意味での「国民」が、公正で、国民と国家に奉仕できる議員を選び出し、議員は国家の未来と大計を思考しながら、その具現に邁進、会議に参集する時はじめて、国民の会議となり得ます。そんな理想的なものがこの世界にあるものかという声が聞こえて来そうですが、この本が強調しようとする、ある一定の環境条件を招来すれば、途端に現実のものとなります。

それを可能にするのは、国民の協同連帯原理に基づく、政治理念と運営の方策です。

国民の政府

人間が組織をつくって協働する場合、その目的を追求し、方策を遂行するために、構成員相互の間を調整する必要から発生する機構が「政府」です。国家の主権者が、その領土、人民を統治するための仕組み、構えであり、もちろん国民がそれを使役する手段です。

常にこの原点から政治は出発しなければなりません。これは当り前の事ですが、今、この原則が忘れられ、ないがしろにされているからこそ、日本国にさまざまな問題が発生します。誇張ではなく、建前はともかく、逆に政府が国民を治めようとしてはいなかったか、手段がしばしば〝権力〟として他の目的に使われなかったか、国民もそれを疑問とせず見過ごして来ました。

今こそ、この連綿と続いて来た誤りを正す時です。その作業なくして、この国の問題の解決は望めません。ここでもまた、その主体性を確立するため、能動的に国家作用に参加、意思決定に参与する国民意識が取り戻されなければなりません。国民みずから、改めてそのような政府を造り出さなければなりません。それこそが、国民のための政府と呼べるものです。しかしそれは、過去に存在した、いかなる形体の政府とも同じではありません。新しい理念と、その実現のための構想に基づくものです。

国家の有機化計画

その昔、アメリカGHQの配慮によってもたらされた、日本のいわゆる戦後民主主義、これが大きな曲り角に来ていますが、それに代って日本の政治を指導し得る、新しい「国の指針」が今だにありません。進路に行詰まり、あるいは定まらない状況が無為に続いています。

一応、社会的混乱は表面化していないとして、不安の中にも安閑とした時が流れていますが、これはとても危険な事で、政党政治の衰退とも符合します。破局の兆候があります。それを未然に防ぎ、日本国を真に再生し得る「国家改造計画」が、新しい政治理念のもとに、速やかに断行されなければなりません。

その計画の主眼は、国家全体にわたる「有機化」です。すなわち、人びとが集まって国家を形成する時に、国民と国民の間、及び国民と国家の間に密接な関連と統一性を持ち、かつ国民どうしが互いに利益を受けつつ、共に生活する国へと改造し、日本国を再生する事です。そうすれば、日本の新たなる発展の土台が出来ます。

無機的な、この国家社会の現状を、有機的に改良するだけで、あらゆる国家的難問、政治的悪弊は瓦解します。この〝国民が集合して国家を形作る〟根本理念は〝互いに利益を受けながら共に生きている生物のように〟新しく生まれ変る国家に関わる、国民各個人の多様性の中に、有機的な一体性を持たせる事です。これは人体にもたとえられるでしょう。また、国家有機機能工学の勧めでもあります。

国民の政治的散在状況を超えて、自由国民主義に基づく新しい国民連帯社会を築こうとするものです。普通、私たちが〝共に居る〟という感覚を持つ時は、お互いに時と場所を共有する場合です。共通の問題を抱えた時、共通の外部危機に遭った時、同じ事に興味や関心を抱いた時に、体験を共にすることによって結ばれます。

その結びつきによって生まれる〝共感〟を土台とする連帯感は、普遍的なものになります。この普遍化こそが重要です。マスコミュニケーションが高度に発達した現代社会においては、一つの社会的事件が即座に全国民の関心の的となり、各方面に影響を及ぼします。時と場所の共有、共通の問題や外部危機、関心事による体験を共にし得る素地は出来ています。

すなわち、人種、信条、性別、社会的立場または門地の違いを超え、この領域に共に生きる日本国民の名のもとに、意識的に融合して、新しい国家社会を造り上げようとするものです。その時、すべての国民は、もはや国家を通じた共通の立場に居ます。社会的立場や利害関係は異なっていても、同じ国民という事によって、将来への同行者であり、運命共有者です。ほぼ単一民族国家である事も好条件となるでしょう。しかし、ここで特筆すべき事は、このような社会集団意識が、自由国民主義においては、行為の画一化、たとえば集団行動や生活様式の画一化には結びつかないという点です。この事に誤解があってはなりません。

国家の成立理念

自由国民主義における国家観（国家目的）は〝自然の理法〟に従って人間が形成する国民の協同体である。共同生活をなす人々の集団として、互いに利益を受けつつ共に生活できるように、生産関係の総体を土台として築かれている人間の有機的結合体を組織する。さらにその全成員が、共通の利益を実現できるように、個人の人間的、理性的自由意思から発して運営される合理的な国民の共同体をめざす。

国家目的達成のための理念と方法

国民協同体の基本単位は、自己自覚に基づく「自由を有する個人」である。現代社会の中にあって個人は、他の個人あるいはさまざまな社会機構や制度と無関係に生活することは、もはやできない。むしろ社会の方から密接な関係を迫られる状況にある。それは社会が、人間の無機的関連の度合を、強制的かつ物理的に深化させているからである。またそれが、構成機構ならびに構成員間の関係を緊密化し、多面的で直接的にしているからである。

この状況が、これまで受動的に看過されて来たために、この国には真の民主主義が定着しなかったばかりか、前述したように、国民と国家の関係が曖昧という以上に喪失されて来たのである。混迷の原因はこの一事にある。このような事情の中で国家は、その国民の一定適度な連帯なしに正常に運営成立して行くことはできない。これらの事態を能動的に受入れ、国民間の有機的関連を、実質的にも表出的にも深化させるべきであり、それは、国民の意識を革命的手法によって意識的に変化させることによって可能となる。

この国が今必要としている国民連繋の状況は、正当な「自由国民意識」によってもたらされる。自由国民意識とは、個人が、自己の存在自体が、国家の内においてはすでに、政治的存在であることを自己自覚し、その上で、自由意思をもって、国家共同体の一員である事を認識している意識態様である。

ある一定の方策によって、ある一定の時機に、広範な国民の間で、自由国民意識が互いに獲得されれば、国民は、等しく「国民」として、共通の土台に立つことができる。その方策とは「国民成員制度」であり、それによって、日本の未来像や、めざすべき国家目標とそのための指針が導き出される。さらに、あらゆる国家的課題についても、共通の議論の場に臨むことができる。

国民成員の機能

　このようにして、個人の、人格（共同生活ならびに法律行為の主体）としての自己自覚そのものを体現した「自由な個人」、政治的に主体性ある個人が確立されれば、「国民」は、国家において、政治的役割を高度に果し、国権の最高機関たる国会に、全国民を代表するに相応しい正当な議員を選出することもできる。これまでは名目だけであった「日本国民」が、名実ともに国の一員「国民の会」の一員となる。平たく言えば、国家は、会員相互が権利を認め合うと同時に、明確な義務も受容する会員制のクラブとなる。

　真の意味で「国民」へと昇華した国民は、一定の状況が備えられた後に、国ならびに政府と連繋して、本来の政治的機能の一翼を担う。すなわち、統一集約された世論や、さまざまな要求を統括する。国会で審議を終えた決議の内容は、政府にその速やかな実行が付託される。

政府は、各省庁で練られた実行案を、国民に提示して、施行の際、関係する国民の協力を求める。国民連帯の中間組織としての各自治体は、地域における自治単位である住民自治会（仮称）にその実行案を示し、協力を求める。

自由国民党の構想

国家主義ではない、自由な国民の国民意識に基づく「自由国民主義」は、過去に唱えられた政治理念のどれよりも普遍性を持っています。それは、この理念が「自然の理法」によって、人間、誰にでも備わっている、崇高な拠り所を求めようとする心の傾きと合致しているからです。

誰にでも、身分、職業、性別はもちろん、どのような社会的立場の人にも、政党、宗派や主義主張の人にも受け入れ可能です。なぜなら、人は一人では生きられない存在、共に生きる事を宿命づけられているという、単純な発想に、基本的に立脚しているからです。

過去の政治的イデオロギーは、世界の情勢変化によって、すでにその役目を終えようとしています。過去、政治はあまりにも、人間を取巻く物質的な利害や物理的力関係を基準として執り行なわれて来ました。それらを発想の土台とするかぎり、政治は権謀術数、対立を招き続け、政争に明け暮れることになります。今ようやく、そのような呪縛から解放されて、人間の「自由な精神」に立脚し、そこに価値と基準を置く政治的理念が成立し得る、世界的な政治情勢や条件も整いました。

第二次世界大戦後の国際連合の仕組みや、東西対立の解消、共産主義の後退と、それらの国ぐにの改革も、すべて理性的思考の成果であり、自然の理法に沿ったものです。自然の理法は言わば、世の中すべての事象の成り立ちであり、それに背くあらゆる意思や行為はことごとく失敗します。歴史上の結果にも明白です。

理性的行為は、言うまでもなく精神の働き、意思と発意によって実行されるものですから、人間の政治的行為もまた、個人が政治に臨む際の意志、すなわち精神のあり方が重要となります。人間の行為の発源である精神と意識に先ず依拠する、この新しい政治理念を今仮に「自由国民主義」と呼称します。

〝国家は、国民一人一人の権利や自由を保障する組織〟とする、いわゆる功利主義の国家論は、既にある意味で、人間を取巻き覆っている物質的利害や、政治における物理的な力関係を前提とし、それらの調整をもって政治の機能とする意味合いを持ちます。

しかしこのような現実対応偏重のイデオロギーでは、社会が構造的に変化、進化した現代国家においては、適切に運用できないばかりか、現実的にも機能できなくなっています。つまり、人間の精神的な政治意志能力を軽視し、目に見える事物のみを価値基準とする政治的観念が行詰りを見せているという事です。

はじめに理想を掲げ、それをいかに実現して行くか、現状現実を踏まえながら、可能な政策を開発・創造すべきです。そのために私たちは、あらかじめ準備された革命的手法により、日本国とその国民の内に、正当かつ確固たる国民意識をもたらそうとするものです。それによって、日本国民を再び日本国に呼び戻そうとするものです。自然の理法に従って行なえば、それは必ず実現されるでしょう。

国家における個人の利害や権利を酌量し、さまざまな政治勢力や団体からの要求を調整、整理しようとしても、それらの政治的作業は複雑化し、際限なく微細化し、しかも範囲を広げ続けなければなりません。問題の一面を解決しても、他の面からまた、不均衡や不具合が生じるからです。

国家がめざして来た、個人の利益と意思の協同化という命題も、今のままでは決して達成されることはないでしょう。この事は、人間社会の物質的繁栄や科学技術等の進歩発展が必ずしも、国家にあってその国民、個人の福利につながらず、却って精神的空虚と混乱を招いている事と無関係ではありません。

政治理念は、人が共に生きる最良の方法として、その拠り所を、初めに、人間の意識と精神に置き、そこを原点とするならば、国家そのものをはじめ、政治の仕組みあるいは政治手段や運営など、あらゆる事が発想転換されます。それは、これまでの、理性に依る政治から、心の政治への転換とも言えます。

第一に国家と個人の関係において、個人にとって国家とは何かという問いかけについても、人間が集まって生活を営む集団を基礎に国家が成り立っている以上、その成員である個人間の連帯の形は、言わば宿命的にして必然性がありますから、現状の「精神的国家離脱」は本来、不合理である事が認識されて行くでしょう。

つまり国家は、国民の上から統治する存在ではなく、むしろ国民の意識の、中にこそあって、そこから発意されて形成されるものであるという認識が必要です。成員間の利害調整や力関係を前提とした国政の手法においては、価値観の多様状況による利害関係の複雑さと、それらの競合と対立による争乱状態を招き拡大するのに対し、国民が望む心情的国家像は、まず国民大多数の和合があって、社会の成員が共通の利益を実現できるように、その協同性が維持される事、個人は法の下に平等で、相応の義務を果しながら、その権利と自由が保障されている国家の平穏な姿です。

ですから、この単純明快な国民一般の希望の方に立脚した政治理念は支持を受けます。この理念は、国民の国家観を踏まえ、先ず国民としての意識、政治的意思の方を集約統一し、国民が共に進み得る国家運営の基本方針を定めたのちに、望ましい未来像の実現に向けた、あらゆる基本政策と、実現のために手法を開発します。つまり、あらゆる立場、価値観、主張を持つ国民あるいは政党が、国民が認める国家理念のもとに「機会の平等」という共通の土俵の上で相撲をとる、つまり議論、議決をして行くという事です。

その上で、国民間の利害調整も含めた、現実的で功利主義の政治も遂行されますから、国民間、政治勢力相互、政党間の足並みがそろいやすく、政治が分りやすく単純化され、対立と混乱ははるかに少なくなります。

これは同時に「国民共同体」の誕生をも意味します。自由国民主義による新しい国民の政党によってのみ、それは実現されます。国民意識も、それによる国民の連帯も、最初は国家の現実とその未来像についての、個人の共感から始まり、究極的にはそれが全成員に広がって達成されます。

その共感はすなわち、人間の精神の働きにほかならず、自然の理法の一環でもあります。新しい国民政党は、その理念の原点として、単純なこの共感に基づきます。現在と未来における国家のあり方について、共感があればそこに共通の意識が生じて、共通の意思のもとに、共同した働きかけが社会に向けて始められます。

これこそ、政党が生まれる正当唯一の動機として、新しい国民政党の活動が始められることになります。

自由国民主義の超越状況

過去に存在した国家主義や全体主義に対する、自由国民主義の違いは次の通りです。

国家主義は、あらまし、個人よりも国家を優先し、個人あるいはその集団としての国家が、ものごとを思考し行動する時、国家を中心に据えるのに対し、自由国民主義は、自己自覚した個人の、自由で多様な価値観と、それに基づく責任ある「国家意識」を、個人が国家に参画する動機とします。国家を「自立・自律」の意識を有する個人の、合目的的集団と位置づけます。

国家は、個人個人の人間性と存在価値を高め、その人間的能力と可能性が伸長されるように、より良き環境と条件を整え保持する等、国民集団として「まとめる」役割に限定されます。その意味で、国家主義が、国民生活のあらゆる面で誘導、干渉、制限を加え統率する等、国家権力が広範囲に行使、乱用され、圧力となるのに対し、自由国民主義における権力行使の範囲は極めて限定的です。

その態様は、日本に昔から有る〝扇〟にたとえれば想像しやすく明らかになるでしょう。扇は人が自ら手を動かして、涼しい風を当てるための用具で、明らかにそれが作られた目的を持ちます。扇の全体を「国家」にたとえます。それを形作っている多くの骨組みは「国民」で、全員で国家を支えています。

扇の骨をまとめるために、その末端の近くには、穴をあけて入れてあるクギ様のものがあります。それが「かなめ＝要」です。肝心かなめと言いますが、かなめは文字どおり、物事の「まとめ」まとめる中心となる存在です。それは広い意味で法律や慣習、道徳、国民性あるいは国民意識です。目に見える機構としては、国会、政府、裁判所などでしょう。かなめを取りはずすと、扇はほどなくバラバラになって、扇の体をなさなくなります。

もちろん、涼しい風を起すという目的も果さなくなります。ではこの、扇を振りあおいで風をおくる、すなわち国運を左右し、国家を運営し、政治を動かす、人の手にたとえられる主体となるものは何でしょうか。それは国家権力の主体、ずっと昔は国王、第一次世界大戦後は全体主義国家における、一部の独裁的権力者でした。

自らの思うがままに扇を振り回し、国民を煽動して操り、戦争と災厄を引き起して国を誤らせました。自由国民主義において、この、扇を振る権力の主体は、もちろん国民自身なのですが、太平洋戦争終結後に民主主義が導入されて55年余、現在の日本の政治状況、つまり、国民と国家の在り方や、その関係のようすとは明らかに異なります。

終戦後、国家権力が一時的に外国にとって代られた時期、半ば強制的にもたらされた、いわゆる戦後民主主義が始められました。当時の混乱した社会状況の中で、日本が自らを統治し、独自の憲法を自主的に設置できたかどうか疑問だとしても、またその後日本の繁栄に肯定的役割を果したとしても、日本国民みずからが発案し、議論して決定されたものとは言い難いものでした。また、黙認、承服したということは必ずしも、体得して自立的、積極的に活用あるいは行使されて来たとは言えないでしょう。

なんと言い訳しようと、動かし難いこの事実こそが、今に到る、日本国民の国家意識の形成に、大きく影を落としています。さらにその崩壊の過程にもです。扇のたとえによれば、戦後、他国から移入され、曲りなりにも日本人が手にした日本国憲法、民主主義ということで、形の上で束ねられ、国家の主体となった国民は一応、自らの手で扇を振り始めました。

国家の再建は先ず、なによりも貧しさからの脱出、豊かさの追求は、つまるところ国をあげての経済的繁栄へと突き進むのみでした。東西冷戦の最中、国の防衛は実質的に他国まかせ（今もですが）、経済成長にいそしみ、大成功を収めました。しかしそれによって、国家はあたかも、経済発展を主導する機関のように誤認されて行った結果、真の民主主義への認識が軽視され、国家づくりのために必要な、国民の健全な意識の涵養、錬磨による、それの吸収、定着は出来ず仕舞いになりました。

その間、仮に日本が他国からの干渉や軍事的脅威、独立の侵害等の事態にさらされていたら、事情は違っていたかもしれませんが、〝平穏〟は却って、国家についての国民の意識と関わりを遠ざける結果となり、言わば自由放任民主主義、わがまま勝手な解釈を生み付けることとなりました。そして社会的モラルについても、共通の基準「タガ」がゆるんだ結果、〝他の人がやっている事なら、自分もやって良い〟という思考パターンを生み出しました。

これは驚くべきことに、手にした扇を自ら手放し放棄して、それを振りあおぐことを辞めた事に等しい。国民が国家の運営に関知、参画しなくなっている、あるいはできなくなっているのです。悲観的に見えるかもしれませんが、この国のさまざまな状況をよく見れば、これは決して比喩で済まされる事ではありません。

一方、扇のかなめの方も〝ゆるみ〟、摩耗、変質などで、ガタガタとはずれる寸前で、その本来の役目は果さなくなってきています。その行く末については前に述べましたが、今のところは、扇に貼ってある紙が、表面上あるいは形式上、体裁を保っていますので、全体が崩壊するのは避けられていますが、それもいつまで持つかは全く予断を許しません。水など浴びせられたら大変です。さまざまに内部崩壊が進んでいるのに加えて一朝、外部から何事かの衝撃が加えられるとたちまち破れ散るでしょう。

つまり現在、日本国民に、自ら享受していると思い込まれている民主主義は、実は仮象であって、決してこの国を健全に成り立たせ経営させて行ける仕組みではありません。

自由国民主義は、これまでくり返し述べたように、国民が自らを生かし、価値を高め、能力を発揮して、より良く生活するために活用されるべき最良の「方法」です。自己自覚した「国民」として、互いに国家に参画し合うことにより、国家もまた、国民生活に寄与、貢献できる公器となり得るとする立場です。結果として、この仮象民主主義を真正なそれに変え得る政治上の発想なのですが、単に国家の現状を変革するために編み出されるような、皮相の思想ではありません。

ましてや、想像上の産物ではありません。実在し、人間の歴史が始まる前から、この世に存在していた「自然の原理」でもあります。その効果と役割において、欧米の民主主義をも超える、全く新しい観点と言えます。それは、歴史の一時期、ある瞬間に姿を現わしたあと、国家権力によって利用されはしましたが、その真髄は理解されずに、ついに善用されることなく、まるで人類の経験による悟りを待つがごとく、いつの間にか俗世と歴史の現実に埋没してしまっていました。

現存するこの原理はまた、永遠に存在し続けるでしょう。それは恐らく、人間に限らず、生物における共同・協同の生活性あるいは、有機性に起因するもので、もちろん自然の理法に沿う合理的な手法と成り得ます。それゆえ、誰かが作り出すような、また、作り出せるようなレベルの、イデオロギーとか言う種類に収められる事ではありません。

ただ、人間が見出し、掘り起して来て認識を与え、人間が営む現実世界に受け入れられ、活用できるように装置されなければなりません。もちろん人類共通のものですが、先ず、今、日本でこそ相応しいとも言えます。本書でおおよそ、その入口発端と言えるものを説明したつもりですが、全容をここで表わすことはできません。ただそれは、奥深く広がる観念事象をという意味であって、国家の成立や国民との関係、国家有機体への転換等の理論と政治上の手法については比較的容易に表わすことができます。

端的に言えば、人間はすべて、人種、民族国家、思想、宗教、固有の歴史、伝統、習慣等の違いを超えて、自らを存在させ生き続けさせる「自然界の理・ことわり」に従い、宇宙の偉大で深遠な知性、知恵といったものから授けられた、善良な精神を共通に有しています。精神のレベルから発する政治行動という新しい視点に依って、いずれは共通の政治観を持てるようになるでしょう。

全体主義は、全体に寄与することを以って個人の価値を認め、全体利益を第一に考えるのに対し、自由国民主義は、国家は国民のためにあるとするのは当然ながら、国民が国家というものに埋没されないよう、国民の自己自覚に基づく、自立、自律意識を高めることにより、むしろ国民それぞれの多様な価値観と能力を高揚させ、可能性を広げる環境と条件を整えるという目的を持ちます。言わば触媒の役割でもあります。それによってもたらされる、あくまでも「個人の発展」に依って国家全体の利益が招来されるという、全体主義とは全く逆の立場をとります。ゆえに、おのずから一党独裁とは無縁のものです。

その根本的性格上、国家の役割や行政の範囲は極限まで縮小されますし、また可能でもあります。現時点でも、国家と政府の役目は、有用か否かに拘らず、さまざまな指導、監督、育成、規制、許認可などの名のもとに、広範囲、複雑に及んでいますが、自由国民主義の体制においては、あの扇の小さなかなめの範囲まで限りなく小さくされます。国民一人一人の価値観の尊重、個性の伸張、良好な国民生活の維持発展に最小限度必要とする環境と用件以外はすべて、国家の役割から解かれるからです。

そのようすは、現在必死に取り組まれている（本気かどうかは別として）小さな政府への、省庁削減目標どころではない、霞ヶ関にあるビルディング一個分に政府のすべての機関が収まるほどです。なぜそうできるのかと言うと、政府の機能、国会、裁判所、国家機関すべての役割と機能が、ほとんどコンピューター化、自動化される事のほかに、市民、地域住民、企業、社員、自治体とその職員をはじめ、すべての国民が、自分たち自らでできる事は自主的に判断、協議して解決したり、従来、政治の役目に該当する事でも、実行、執行できるようなバックグラウンド（行政のシステムベース）ができるようになるからです。

言い替えれば、行政の全体が言わば〝相似形〟で縮小するとも言えるでしょう。今はまだ想像できにくいかもしれませんが、国民の意識が変ることにより、意外なほど容易に実現します。

ではそもそも、この自由国民主義なるものが、空想ではなく現実この社会に、ほんとうに実現されるものか否か、できるとする根拠は何か。表現がむずかしく、やや抽象的になりがちですが、強調すべき点は、この理念が従来からの政治思想領域をはるかに超えた所にその論拠を置いている事です。

これまで政治と言うと、置かれた立場の相違による利害の調整、思想上あるいは国家間の対立等、物理的相克を前提に、その解決をめざす業でした。これに対し自由国民主義は初めて、精神こそが政治の始まりという認識に立脚します。現実からかけ離れた観念ではなくても「精神の政治」は理論立てには適しません。むしろ、感じるとか心情、感性の世界に属し、そこから出始めるものです。

人間の精神面においては、すべての人が、この世の事象について共通の認識と心情を持っている、あるいは持てます。物的相克の世界に比べて、はるかに、と言うより無限に近いほど共感できるからです。たとえ激しく対立する間柄にあっても、その精神の深奥では共に和することができます。そして我々は、政治における新しい流れとして「無政党政治」の時代への道を開くことになります。無政党での国会は、一議員一党による議会と表現しても差し支えはなく、この事は議員個々が政党のすべての要素を備えて政治行動する事を意味します。これについては別の機会に述べなければなりません。

一見関係のないような話のように思えるでしょうが、もうしばらくすると、政治は完全にコンピューター化されるでしょう。その時に「政治的ソフト」を入れる者、入れ得る者は、あらゆる政治的信念の要素を入力することになります。政治的、経済的、社会的利害についてはすべて、ハードで入っています。とすると重要なのは人間の想像を結実させる、創造力や空想力、善悪の基準としての道徳、信念、理想、良心といったものになり、さらにそれらすべてについて、未来への洞察が要求されます。自由国民主義はその政治ソフトをすでに所有しました。思考から出発する政治上の理念は確立しているからです。

政治は人の心から始まる事として、その根源的、普遍的な共生発展の意思に立脚し、人びとの共感に基づいて、社会的、政治的行動が始められます。

すでに強調して来ましたように、政治を、社会的利害の調整機能にではなく、人間の信念の世界に立脚した上で、国家社会の成り立ちや、それの改良進歩のための方策、国家の未来像やめざす目的達成のための計画とさらに実行までを「意思創造」するという論拠に立つことによって、政治はこれまでとは全く異なる状況を生み出します。それは大宇宙の知性から出る知恵によって「超越の様相」を現出させることになります。

その際立った特長は、およそ次のようになるでしょう。

一、政治を思考する、あるいは想像できる範囲が自由かつ無限に広がる。従って、政策創造の可能性と選択肢も広がり極大化する。

二、国民の間に心的交わりが生じ、多くの国民が国家の存在意義に関して、共感によって結ばれる。

三、政治において、闘争する相手、政敵がいなくなる。これまで当然のように思い込まれて来た常識、政治は多分に〝戦い〟であるとする偏狭な意識上の錯覚が解消され、政治勢力間、政党間、利害対立の国民どうしの政治闘争は終りを告げる。もちろん利害の対立はあるが、それに代って国民から能動的に発せられる、秩序立った正当な「論争」とそれに基づく競争錬磨が活発になる。

四、戦うべき相手がいなくなる事により、政党と議員ならびにそれらの支持団体等は、選挙の結果を気にせずに、思い通り、もっぱら国民の利益、国益にかなう政策を、競走しながら創出し合い、実行、実現して行くことができるようになる。

五、真の国民意識が定着する。

六、従来からの政治の常識、単なる、社会的立場を同じくする者どうしの共同とは全く異なる、同じ時空間で共に生きるとする、生活基礎部分での連帯意識が生まれる。

七、国家は機構ではなく、国民一人一人、個人としての「人間」そのものが形作る「有機的に生きる集団」認識が確立される。

それによって、高齢者の社会参加の意識が見直され、人生経験者リーダーとして、おじいちゃんおばあちゃんの参画と活動が活発化する。

国家の全体を有機化することにより、これらはすべて実現できます。

今の日本は、国家として「生活」していないのです。言葉の遊びではなく、生きてはいるかもしれませんが「活き」てはいないのです。無機的であり、健康な生活機能を持ち合わせてはいません。ですから日本全体、行き場のない完全な閉塞状態に覆いつくされ、同じ所をグルグル回るばかりの、彷徨というのが実状です。

おとしよりから青少年に至るまで、精神的な「カゴの鳥」状態にどっぷり取り囲まれてもいます。これらは、国家に「生活力」を持たせる事によって打開できます。国民生活に関するあらゆる事が革命的に改良、改革されて行きます。

自由国民主義というものは、国家を有機化し、生活力を与える確実な手段として、すでにこの世に存在しています。あとはわれわれ国民がそれを選択するだけです。もしもこのような事柄が、空想的で実現性がないと思われるようなら（むしろ逆なのですが）先ずは、啓蒙等の方法により、政治に「精神」を吹き込んで、活性化されて行くという、段差の小さな階段を踏み上るフレキシブルな対応もできます。

政治に精神を吹き込む事は、国を活性化させるためにも重要で、それによって国民からの広範な協力が得られます。政策についても、創造性に富むアイデアが多く出されるでしょう。政治をむずかしくしているのは、国民の心が政治から離れ去っているから、この一点だけです。そして「日本の平和革命」とは、国民同士が、共に生きて行くためのあらゆる「基準」指針を、この国の中に備えるために必要かつ避けがたい道程でもあります。

日本の平和革命

一、革命の目的

国家は、その領域に共に生きる人びとの集団、共同体でなければならない、との認識のもとに、戦後五十年を経て、日本人が心情的にも意識の上でも、日本国から離脱した現状を打破しなければならない。

国家における国民の意識が変革されてこそ、日本は変り得るのであって、それなしには、すでに求められているあらゆる改革の実現もまた、不可能だからである。国民が国に立ち返ることができれば、われわれは等しくこの国の成員として、共に国家の改造ならびに、未来像の策定への参画と、そのために必要とされる政治行動への責任ある対応ができる。

それによって、国民の会議としての、国会における議員を、国民の真の代表者として選び出すことができる。国会は、国民が意思することの最高決定機関として、対立する利害の調整だけでなく「協力議会」として、その大計を打ち立て、その実現のために、案件を審議成立させながら、政府に対し適切な指示を行なうことが可能となる。

このようにして、日本国政府を、国と国民が最良の福利を享受できるよう、政治手段化する。

この革命は、一つの挑戦でもある。各人の自由と権利が保障されて、異なる個性と様々な価値観が共存しながらかつ、集団全体として国民が、精神的にも社会機能的にも協働して、進歩発展して行ける国にする事である。個人にとっては、その一生を通して個性の発展が成されるよう、各人の可能性と潜在能力が最大限に発揮される社会環境を創造する事である。

二、革命後における日本の構図

国民を統合統治するための機構としての古い国家態様を超えて、日本国は、そこに共に生きる人間の共同体的社会集団となる。国民一人一人の自由と権利ならびに、その個人に独特の価値観が尊重されるとともに、生き甲斐や社会的能力が最大限に発揮されるよう支援される。

個人が社会的にむすびつきを深めるとともに、国政選挙等における責任ある政治行動を果して、いわゆる利益誘導型の政治は完全に解消される。あらゆる政治勢力間の利害による対立が極小化され、政治は、物質的利得の追求より先に、人間が本来、社会善として自然的に持つ、善良な向上心や社会協調性を促し高め、まず第一に精神上の幸福感が尊重されて、心身共に福利をもたらす政策が行なわれるようになる。

国会は、協力的議会である一院制となり、三権は厳然と分立しながら、国家目的に沿う限りの協調的意思と機能を維持する。国家運営を主導するための仕組み、手段ともされてきた政府機構は、もっぱら、国民による共同体がめざす目的を遂行する手段として活性化され、高度に活用される。

三、革命の主体

自由国民党

四、革命の手段

（自由国民党結成以降）

党は綱領の主旨に従い、国の安全保障、国民生活の安寧をおびやかす治安の乱れ、政治機能低下による政局の停滞と混乱、必要とされる行財政改革、経済金融構造改革、社会保障制度改革、教育制度改革等の遅滞、停滞による、国家運営上の支障あるいは、それらに起因して発生する諸問題について、その抜本的打開、全面的で早急な解決のために、必要なあらゆる政治的方策を提示します。

同時に、可能な限り、党とその支持基盤である、広範な国民の各種改革運動組織によって、前記の諸方策を実行、実現させます。それらに対する国民の支持が得られれば、政策として、国政に反映させますが、それはすべて、国会の承認を受けた各種の国政制度に基づいて行なわれます。国民の意識が集団（国家）から離れた事により、現憲法はすでに、多くの部分が形骸化しています。

国政制度とは、現行憲法の施行上の機能的欠陥を補完するため、国会、政府、裁判所、その他機構の本来の役割を完遂させながら、機能を正常化する事によって、その目的を達成できるよう、憲法に加えて新たに施行する社会的仕組みです。憲法の記述にはないものの、有効な方策となる「協約」として、一定の暫定施行期間を経て正式に実施されます。

詳しい内容は後述するとして、予想される制度名称（いずれも仮称）は次のようなものがあります。一、国民成員制度、二、国政選挙制度、三、議員立候補資格制度、四、国民の選挙参画促進制度、五、協力議事制度、六、国民の政府制度、七、日本経済活性化制度、八、対外経済支援制度、九、国民参政責任制度、これら諸制度を、その時の社会政治情勢に相応しく試行適用しながら、定着可能なものは、新法案として起草委員会で審議の上最適と判断される時機に、当時の政権党あるいは、連立政権によって国民の審判に付され、国法として制定されます。

自由国民党は革命委員会を構成し、これら諸制度を国民に啓蒙しながら、意識改革を起し得る社会的環境と条件を整えます。自由国民党はこの革命を主導しますが、その役割は日本国を真に「国民が共生できる国」にするための手段あるいは道具です。

おわりに

日本がこれからめざすべき社会として、国民が共生できる社会と、それに到る道すじについて書いて来たつもりですが、充分に表現できているとは思えません。

人類は狩猟・農耕型社会から、工業化社会へと進み、今は情報化社会の真っただ中にあります。では、この社会がさらに進んで、次に現れる社会はどのようなものになるでしょうか。気が早いと思われるかもしれませんが、それを私は、情報社会のあり方を決定づけるキーワーカーとしての「信念化社会」が訪れると予想しています。

人間の、いや、人類社会の「生きる方向性」と心情や価値観を決定づける「理念」が主導する社会です。それによって、たとえばバイオテクノロジーなど、科学の発達と人間の問題に解答を与え、クローン人間の是非にも、結論が下されるでしょう。さらに、人類と平和の問題、国際連合も生まれ変り、有効化されるでしょう。

その時、私たちの日本は、それに充分対応できる開かれた社会に成っていなければなりません。「信念化社会」は人間の幸福とは何かという、古いテーマにも回答をもたらすでしょう。それはむしろ、情報化社会の前に来たるべき社会でしたが、自然の理法は不可思議で、結果として、整然たる結末をもたらすものです。インターネット化されたこの情報社会も万能ではない事、つまり、今の社会が混迷をきたし、行詰るその先に必然的に現れる、ある意味で、文明・文化の最終段階とも言えるものです。進歩し深まることはあっても、完結することのない社会で、その到来は意外に早く、この先二十年以内に現実化するかもしれません。

自然の理法に合わない事は、いつか必ず正されます。無秩序は、抵抗や反動あるいは犠牲を伴いながら秩序を回復します。もちろん政治もそうです。人間が集団的社会を形作り、国家へと昇華して行ったのも、自然が促す秩序であったし、その意味で、同じ場所に生活しながら、人と人とが、精神的、心情的むすびつきを喪失した人間関係の希薄化は、そのまま「人民の集団」としての社会意識、国家への関わりの薄さにつながっています。

これまでは、その弊害を取り繕って来ましたが、これから先は〝他人は関係ない〟式の無秩序は赦されないばかりか、国そのものが立ち行かなくなります。

日本の少子化が問題になり、将来、経済や社会保障諸制度に及ぼす影響が心配されていますが、少子化の原因は、非婚晩婚、子育てに多額の費用や時間をとられる、住宅の問題、にあるのではなく、子を生む時期の男性と女性に限らず、この社会全体に、人間関係の疎遠が行き渡ってしまっているからです。多くの日本人の中に、周囲でしている事は自分もするが、そうでない事は、たとえ望ましい事でもやらないという横ならび意識があるからではないでしょうか。

社会が変化すれば人の心も変ります。乱暴な言い方に見られるでしょうが、人と人との関係が濃密になれば、子供は授かりやすくなります。

日本経済は今〝景気がやっと底打ちした、でもまだ不安がある〟とか、突然に年率七・九％ものプラス成長は本物かなど、なんとも枝葉末節の観測や議論が飛び交い、政府も、〇・五％成長をなんとか達成させようと四苦八苦しています。これまで打出されて来た、数々の経済対策は、与件の現状認識に基づき、その範囲で考えられる限りの方策はとられて来ましたが、これまでとは違う視点、発想からの対策をとるべく、基礎与件を変えるという試みは全くなされませんでした。

数学と同じく、条件を変えれば、出て来る答えは全くちがったものになります。目の前にある大きな宝物を活用せず、物の陰にかくれていそうな小さな財貨を使って、なんとか当面の危機や急場を乗り切ろうとするばかりです。その宝物とは何でしょうか。それは今の時点ででも四十兆円になんなんとする「需給ギャップ」です。これを果敢に活用することによって、日本経済は劇的に、〇・五％成長どころではない、向う十年間（信じられないでしょうが）年平均五％以上の高成長を実現することができます。

この方法を端的に説明すると、この需給ギャップの供給超過部分を、そっくりそのままそれを必要とする諸外国へ移転し、海外経済支援物資あるいは設備として活用し、その対価として海外資源国などの有用物資を日本に移入して、供給縮減による日本国内の物価高騰などを抑える手法です。過剰設備廃棄や資本と労働の適正化のための賃金の調整など必要ありません。もちろん、支援内容の有効性と質を高めるのは言うまでもありません。この方法に限っては、財源の裏づけが得やすい。一方的な持ち出しだけの援助ではなく充分な見返りがあります。要は思い切った決断だけです。

この革命が目的とする、われわれ日本国民の意識改革は、これまで外国の人たちから見て、日本人の国民性の長所であった〃集団行動が得意〃な面に加えて〃良い意味での個人主義〃も兼ね備えようとするものです。いわゆる護送船団方式による経済国家主義の時代はすでに去りました。自己自覚し、自立・自律意識の強い、すばらしい国民性として改造される可能性があります。

自由国民主義による共生社会は、一見矛盾するようですが、自分の生き方を、真の意味で、自由に選ぶ社会です。なぜなら、国家を人間の集団と見ますが、個人の価値観を一元化するわけではありません。集団的な価値観は定立されますが、個人の価値観は、むしろ多様性を増します。言わば大規模なマイホームタウンの開発に似ています。個性の伸張によってこそ、国は繁栄できるとする立場だからです。

今でも未だ、企業中心社会である日本では、個人が会社に従属するという意識構造が、基本的には残り続けます。根本的な社会改革がなされないからです。右肩下がりのデフレ経済で、リストラや就職難の時代にあっては、企業に頼らざるを得ない人も多いことでしょう。それでまた、企業における倫理の欠如、企業犯罪が起らないとも限りません。つまり良好な個性の伸張が望めなくなります。日本型の平和革命は、これら社会の成立与件を根源的に変換させようと企てるものです。

十年前に起った空前のバブル景気と、その崩壊は、表面的には企業や銀行あるいは多くの国民が、われ先に土地や株などを買い漁って、仮需要、融資等を膨らませたからですが、その根本原因は、やはり国民全体に行き渡った「バブル意識」にあります。他人の損得には無関心です。ましてや、その事によって、この国がどうなろうと知った事じゃありません、でした。これは当然の事と思われるでしょうが、これから先も、この「個人の意識」こそが、国を誤らせる可能性があり、日本を真に再生させるために変るべきは、まさにこの「国民の意識」なのです。

国民の意識が変る、あるいは変えるなどとは、あまりにも根源的でむずかしく、ある意味で作為的に見えるかもしれませんが、決してそうではありません。改革の主体はあくまでも国民自身だからです。取り巻く状況や環境が変れば、われわれは直ぐに変ります。

放送などによる、マスメディアを使った社会キャンペーンが行なわれています。それを批判するのではありませんが、一定の啓発効果があるとしても、公共心を培う根本的な力はどれほどあるでしょうか。最近、若者が、他者との交わりを嫌ったり、苦手とする内向閉鎖型になっているとの指摘があります。人生や社会について、どこか冷めた見方、屈折した考え方を持ち刹那的になっているのは以前から言われていた事ですが、今はそれをさまざまな形で露骨に表現するようになってきました。しかもそれが多くの若者のあいだに、風潮としても広がっています。

　これは、ある意味で大人社会の不当性を訴え警告しているのではないか、「生きる目的の喪失」という、この社会が抱えている、重大な欠陥を、多感な若者世代が告発しているのではないかと思います。これからますます拡大して行くこの無言の反乱を、私たちはどこかで鎮圧しなければなりません。やはり「意識環境の変化」がなければ、モラルマインドは変りません。

　他方、松本サリン事件において、最初、加害者のように見られてのち、一転被害者となった「河野さん」が、あるＴＶニュースのインタビューに答えた、ある一言〝この事件はまだ何も終ってはいません〟は、日本の国民が今、この国で果すべき役割について、明確な問題提起をしました。

◯この本の内容について、御意見・批評・提言など
ありましたら、文芸社にお寄せ下さい。

日本の平和革命―「国民なき国家」を超えて
自由国民主義の発想と発端

2000年5月1日　　初版第1刷発行

著　者　永井安美《ながいやすみ》
発行者　瓜谷綱延
発行所　株式会社文芸社
〒112-0004　東京都文京区後楽2-23-12
電話　03-3814-1177（代表）
03-3814-2455（営業）
振替　00190-8-728265
印刷所　株式会社平河工業社

ISBN4-8355-0219-1 C0095